# Trucos para

# MINECRAFTERS

ESPECIAL
COMBATE

Megan Miller

DESTINO

Obra editada en colaboración con Espasa Libros, S.L. – España

Título original: Hacks for minecrafters. Combat edition

© 2014, de la edición original: Hollan Publishing

© 2015, Espasa Libros, S.L. Sociedad unipersonal. – Barcelona, España

Derechos reservados

© 2016, Editorial Planeta Mexicana, S.A. de C.V.
Bajo el sello editorial DESTINO M.R.
Avenida Presidente Masarik núm. 111, Piso 2
Colonia Polanco V Sección
Deleg. Miguel Hidalgo
C.P. 11560, México, D.F.
www.planetadelibros.com.mx

Primera edición impresa en España: junio de 2015
ISBN: 978-84-670-4509-3

Primera edición impresa en México: enero de 2016
ISBN: 978-607-07-3030-6

Impreso en los talleres de Litográfica Ingramex, S.A. de C.V.
Centeno núm. 162-1, colonia Granjas Esmeralda, México, D.F.
Impreso en México · *Printed in Mexico*

# ÍNDICE

**S**i eres novato en Minecraft, es posible que te asuste combatir criaturas. Sin embargo, una vez que te acostumbras a luchar contra ellas (y a morir varias veces en el intento) te das cuenta de lo divertido que puede llegar a ser. Al principio, yo tampoco era una experta, precisamente, pero ahora me encanta salir por las noches (en Minecraft, quiero decir) en busca de esqueletos, zombis y *creepers*. Además, es una buena forma de conseguir más puntos de experiencia para encantar armas, armaduras y muchas más herramientas.

En esta guía encontrarás toda la información necesaria para mejorar tus habilidades de combate contra las distintas criaturas de Minecraft, desde *blazes* hasta hombrecerdos zombis, e incluso algunos consejos para combates entre jugadores. Conocerás mejor tus armas y aprenderás a encantarlas y a usar las pociones. Cada criatura hostil del juego tiene su propio capítulo en la guía, en el cual se explica su perfil, dónde encontrarla, cómo matarla y cuántos puntos de experiencia y qué objetos puedes conseguir. También se indica el número de ataques necesarios para acabar con ella (en general, el mínimo necesario), aunque es probable que necesites menos, si sigues una estrategia de golpes críticos, o más, si tu oponente lleva armadura, sana más rápido o no has cargado bien tus flechas.

Y, como en casi todas las cosas, la práctica hace al maestro. Así que si quieres convertirte en un gran guerrero, ¡toma tu espada y tu arco y sal a matar a unas cuantas criaturas!

Nota: esta guía se basa en la versión 1.8 de Minecraft para computadora. Si estás jugando una versión diferente, es posible que algunas características funcionen de forma distinta. Para más información, puedes visitar la comunidad oficial de Minecraft en minecraft.gamepedia.com.

# CAPÍTULO 1

## ESPADAS

Sin duda alguna, tus armas básicas en Minecraft son la espada y el arco. La espada es más útil en combates, sobre todo a corta distancia, mientras que el arco es perfecto para ataques a distancia. En cualquier caso, si te sorprenden con la guardia baja (recogiendo melones, por ejemplo) siempre puedes usar cualquier otra herramienta que tengas a la mano como un pico, un hacha o una pala; siempre serán más prácticas que tus puños. Existen muchos más objetos en Minecraft que puedes crear y usar para infligir daño. Los mecheros y los cubos de lava son también dos de las armas más comunes en batalla.

La espada de madera será tu primera arma, a menos que la transformes en piedra con un pico de madera. En el modo supervivencia, éste debe ser uno de tus primeros objetivos. A partir de ahí, sigue transformando tu espada hasta conseguir un par de buenas espadas encantadas de diamante. Espada en mano, haz clic en el botón izquierdo del ratón para atacar y en el derecho para bloquear ataques.

## Cómo crear una espada

Para hacer una espada necesitas dos unidades del mismo material (madera, piedra, lingote de oro o hierro, o diamante) y un palo. No olvides que si vas a hacer una espada de madera, necesitas usar exactamente el mismo tipo de madera para ambos bloques y el palo.

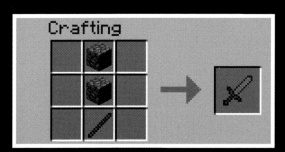

Ingredientes para una espada: 2 unidades de material + 1 palo.

Es posible conseguir armas de criaturas o negociando con los aldeanos. En ocasiones, aparecen zombis armados con espadas y esqueletos con arcos. Si los derrotas, puedes quedarte con sus armas.

## Puntos de daño

El nivel de daño que puede infligir una espada depende del material con el que está hecha. Las espadas de madera son las que menos daño causan y las de diamante las que más. En la siguiente página puedes encontrar una tabla comparativa de los puntos de daño que causa cada espada. Recuerda que atacar con los puños te suma un punto de daño y que cada corazón son dos puntos de salud. Como bien puedes observar en la tabla, la espada de oro causa el mismo daño que la de madera, así que es bastante normal saltar directamente de una espada de hierro a una de diamante. Incrementa tu nivel de daño asestando golpes críticos. Para ello, salta y ataca al caer. Un golpe crítico puede aumentar el daño hasta 50 %.

| Material | Puntos de daño/ Corazones |
|---|---|
| Espada de madera | 5 puntos ♥♥♥ |
| Espada de piedra | 6 puntos ♥♥♥ |
| Espada de hierro | 7 puntos ♥♥♥♥ |
| Espada de oro | 5 puntos ♥♥♥ |
| Espada de diamante | 8 puntos ♥♥♥♥ |

## Durabilidad

Todas las armas y herramientas tienen un límite de uso, una característica conocida como durabilidad. Se mide por número de usos. La espada de diamante es, por mucho, la espada que más usos aguanta (más de 1 500), ¡junto con tus puños! Por otro lado, el oro aguanta hasta 33 usos, por lo que dura muy poco. Si superas el número máximo de usos de un arma, ésta se rompe y desaparece. Aquí tienes otra tabla comparativa:

| Material | Número máximo de usos |
|---|---|
| Espada de madera | 60 |
| Espada de piedra | 132 |
| Espada de hierro | 251 |
| Espada de oro | 33 |
| Espada de diamante | 1 563 |

## Más sobre durabilidad

La durabilidad representa la duración de un arma o una herramienta: el número de estocadas o golpes que puedes darle a un objeto o a una criatura antes de que el arma o la herramienta que estés usando se rompa. Por ejemplo, un hacha de hierro tiene una durabilidad de 251, es decir, que puedes usarla 251 veces. Cuando un arma o una herramienta se rompe, emite un sonido y desaparece de tu inventario. Si usas un arma o una herramienta sobre un objeto para el que no es adecuado, gastará más usos de los necesarios. Por ejemplo, si usas una espada para romper un bloque de tierra gastará dos usos en lugar de uno. Así que procura usar las herramientas adecuadas para cada tarea, a menos que estés en un aprieto.

Puedes comprobar cuántas veces has usado un arma en el inventario. Encima del icono del arma puedes ver la barra de durabilidad. Ésta aparece cuando usas un arma por primera vez y está toda en verde. A medida que vas usando el arma, la barra disminuye y se vuelve roja. Cuando la «vida» del arma está a punto de acabar, la barra de color desaparece y deja un espacio gris. Sin embargo, antes de que desaparezca por completo, tienes unos pocos usos más dependiendo también del material. Un arma hecha de oro solo da para dos usos más, mientras que una hecha de diamante tiene 61 usos extra.

Encima de la espada se ve la barra de durabilidad.

Para ver la durabilidad exacta de tu arma, oprime F3+H. Si tienes Mac, prueba con Fn + F3 + H.

Puedes ver la durabilidad de un objeto oprimiendo F3 + H.

...cial para disparar a tus ener...
...a una criatura antes de que s...
...s tanto riesgo. Pero procura...
... de experiencia, que te dé ti...

## ...o y flechas

...del proceso es conseguir lo...
...acabas de empezar. Neces...
...es conseguir fácilmente ma...

con la espada. Durante el día, las arañas son criaturas pasivas y puedes encontrar con facilidad algunas que hayan estado mero-deando por tu casa. Tras tu primer ataque se volverán hostiles, pero al menos tienes esa ventaja.

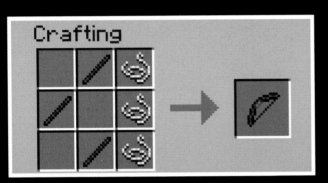

Ingredientes para un arco: 3 palos + 3 trozos de cuerda.

Respecto a las flechas, puedes obtener algunas ya hechas matando esqueletos (suelen dejar entre dos y ninguna). Pero, a no ser que tengas una granja de esqueletos, matarlos no te proporcionará suficientes flechas. Para hacer las tuyas necesitas palos, pedernal y plumas. Con un pedernal, un palo y una pluma puedes hacer cuatro flechas. Lo ideal es tener un montón (entre 32 y 64) prepa-radas por si acaso, dependiendo de cuánto uses el arco. Si quieres hacer 64 flechas necesitas 16 trozos de pedernal y 16 plumas. Eso significa también que necesitas excavar 160 bloques de grava y matar unas 16 gallinas. ¡Quizá te interese más conseguir cuanto an-tes un encantamiento Infinidad para tu arco! Este encantamiento te proporciona un número ilimitado de flechas, siempre y cuando tengas al menos una flecha en tu inventario.

Crafting

Ingredientes para cuatro flechas: 1 pedernal + 1 palo + 1 pluma.

Aquellas flechas que no alcancen a sus objetivos y caigan al suelo o entre las ramas de un árbol se pueden recuperar. Aquellas que sean disparadas por esqueletos o bajo el encantamiento Infinidad no se pueden recuperar.

## Durabilidad y puntos de daño del arco

Un arco que no esté encantado puede durar 385 usos.

Los puntos de daño de un arco varían entre 1 y 10, dependiendo de la fuerza del disparo (cuánto tenses el arco). Puedes infligir un golpe crítico tensando el arco al máximo. Es probable que tiemble un poco cada vez que lo cargues al máximo. Además, al disparar la flecha, ésta dejara un rastro de estrellitas. Una flecha cargada al máximo puede sobrevolar hasta 65 bloques, ocasionar 9 puntos de daño y, a veces, hasta 10.

Rastro de estrellas de una flecha cargada al máximo.

## Más sobre puntos de daño

Cada criatura y jugador de Minecraft tiene un número específico de puntos de salud. Los jugadores tienen 20 y están representados por corazones en el HUD (es el conjunto de barras, iconos e inventario en la parte inferior de la pantalla). El *slime* es una criatura pequeña que solo tiene 1 punto (medio corazón) de salud, mientras que el *wither* tiene 300 puntos de salud (150 corazones). Cuando a una criatura o a un jugador se le acaban los puntos de salud, muere. A su vez, las herramientas o las armas que usas contra un jugador o una criatura provocan puntos de daño. Por cada punto de daño infligido al enemigo, se le resta un punto de salud. Existen más recursos para infligir daño como usar fuego, lava, rayos eléctricos, cactus, dinamita; también existe daño por ahogo, envenenamiento, hambre; o al usar el encantamiento Espinas en la armadura de otro jugador, por el efecto *wither* o por caer o estar en el vacío: el espacio que no contiene absolutamente nada, justo debajo de la capa de piedra base. El Fin es una isla que flota en el vacío, en la nada.

**El HUD muestra tu barra de salud, de hambre, tu nivel de experiencia y, abajo, tu inventario.**

## Cómo reparar armas

Para reparar armas (o armaduras) combina el arma usada con otra idéntica, ya sea nueva o usada, en la cuadrícula de fabricación. No importa en qué cuadrado pongas las dos armas mientras estén hechas del mismo material: no puedes combinar una espada de piedra con una de diamante. El resultado que obtienes es un arma con la combinación de los números de usos de ambas armas. Si su durabilidad total es inferior a su durabilidad máxima, se genera una nueva versión del arma. Además, consigues una bonificación de hasta 5 % de su posible durabilidad total. Para sacar el máximo provecho de ese 5 %, repara dos armas desgastadas cuya durabilidad conjunta sea de 95 % o inferior a su máxima durabilidad. Si no quieres estar mirando los puntos y haciendo cálculos, simplemente procura combinar un arma usada con otra también usada. Ambas deben mostrar algo de gris en su barra de durabilidad. Ten cuidado y no repares un arma encantada en la cuadrícula de fabricación porque pierde su encantamiento. Para reparar armas o herramientas encantadas tienes que usar el yunque. Para más información, consulta el capítulo sobre armas encantadas.

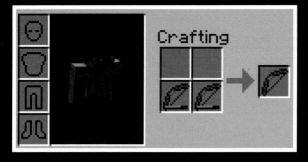

Repara dos armas usadas para conseguir una bonificación de durabilidad.

# CAPÍTULO 3

## OTRAS ARMAS

Debes saber que no estás limitado a usar sólo el arco o la espada para enfrentarte a tus rivales. También tienes una gran variedad de objetos en Minecraft para herir o matar a tus enemigos. De hecho, algunos son muy buenos sustitutos del arco y la espada.

## Herramientas

Hachas, picos y palas pueden dañar más que tus propios puños. Al igual que las espadas, las herramientas más débiles y menos duraderas son las de madera y las más fuertes y resistentes son las de diamante. Sin embargo, las herramientas no son tan resistentes en combate ya que no son adecuadas para esa tarea. Si las utilizas, gastarás dos usos de durabilidad en lugar de uno. A continuación, puedes ver una tabla con el daño y los usos:

|  | Madera | Piedra | Hierro | Oro | Diamante |
|---|---|---|---|---|---|
| Daño de hacha | 4,5 | 5,5 | 6,5 | 4,5 | 7,5 |
| Daño de pico | 4 | 5 | 6 | 4 | 7 |
| Daño de pala | 3,5 | 4,5 | 5,5 | 3,5 | 6,5 |
| Durabilidad (hacha, pico y pala) | 60 | 132 | 251 | 33 | 1 562 |

Las azadas hacen el mismo papel que tus puños. No dañan más ni gastan usos, a menos que las utilices para arar bloques de tierra.

## Cubo de lava

Un cubo de lava es algo esencial en tu inventario. Eso sí, debes tener cuidado a la hora de usarlo para no hacerte daño. Lo mejor es subirse rápido a un bloque de grava. Los cubos de lava hay que verterlos en el último momento, cuando el enemigo está muy cerca o ya no puede reaccionar. En el Mundo Principal, la lava fluye a lo largo de 3 bloques desde el que lo vertiste. A su paso, quema la mayoría de objetos y criaturas que se encuentra, menos en el Inframundo. Las criaturas del Inframundo no pueden ser dañadas ni por fuego ni por lava. Por otro lado, la lava fluye más rápido en el Inframundo que en el Mundo Principal.

## Mechero

Un mechero es una herramienta que se obtiene al combinar un lingote de hierro con pedernal (que, a su vez, se consigue cavando un bloque de grava). Si lo pones sobre un bloque y haces clic en el botón derecho del ratón, se prende fuego. Es muy útil contra criaturas, ya que puedes prender fuego a los bloques de tierra bajo sus pies o a los que haya en el camino. Prácticamente puedes prenderle fuego a un *creeper* sólo con hacer clic. Un mechero tiene una durabilidad de 65 usos.

## Yunques

Los yunques se usan, principalmente, para reparar armas y armaduras encantadas. Sin embargo, tienen una característica muy interesante que los hace adecuados para usar como armas. Siguen la ley de la gravedad, así que si sueltas uno desde cierta altura, caerá con la fuerza necesaria para matar a un enemigo. Un yunque puede causar desde 2 puntos de daño por bloque caído hasta un máximo de 40 (20 corazones).

**Trampa con yunque:** una forma fácil de hacerla es poner un yunque en lo alto de una columna de carteles. Así estará muy alto y el daño que provocará al caer será también mayor. En la parte de abajo, tienes que asegurarte de que tu enemigo romperá el bloque que sostiene la columna. Si lo hace, caerán los carteles y, tras ellos, el yunque. Debes oprimir Mayúsculas cada vez que hagas clic para apilar los carteles (y el yunque). Si además te enfrentas a otros jugadores, esconde bien la columna para que no vean la trampa. Por ejemplo, la columna podría estar sobre un bloque de diamante en un falso pasillo de una mina. Así golpeará a cualquier jugador que intente alcanzar el bloque de diamante picando desde abajo. Aún más sencillo es esperar en lo alto de un acantilado o un tejado. Coloca el yunque de la misma manera que un bloque de grava para que caiga (es decir, junto a otro bloque). El yunque caerá con fuerza al suelo, dañando todo aquello que esté en su camino.

Trampa con yunque sencilla.

## Dinamita

La dinamita es un bloque explosivo que mata a criaturas y jugadores cercanos. Puedes hallarla en el nivel más inferior de los templos de desierto o fabricarla a partir de pólvora (que sueltan los *creepers*) y arena. Para prenderle fuego, usa el mechero. Tienes unos segundos para correr antes de que explote. También sirve una flecha ardiendo, lava o fuego, metiéndola en una vagoneta y sobre un raíl activador, con un circuito de *redstone*, dispensadores, etc. Puede hacer explotar hasta tres cuartas partes de los bloques de su alrededor, a menos que estén en agua, donde no puede destruir nada, aunque emite sonido. Tiene dos usos en combate: las trampas y los cañones de dinamita.

**Trampa con dinamita:** coloca dinamita donde quieras. Luego, conecta la dinamita a cualquier mecanismo de detonación como una placa de presión o una palanca. Cualquier jugador que se coloque sobre la placa de presión activará una cuenta atrás. Y si usas la palanca, detonarás tú mismo la dinamita.

Conecta una placa de presión a la dinamita con *redstone*. ¡Pero esconde bien el rastro!

## Trampa de dispensador de flechas

Un dispensador automático de flechas es otra arma bastante común, pero se usa de mil maneras originales en Minecraft. Para hacer uno sencillo que dispare flechas de una en una, conecta con *redstone* un dispensador a una placa de presión. La placa no debe estar lejos, pero lo más importante es que esté justo enfrente del dispensador, por la parte que lanza las flechas. Hay un ejemplo en la página siguiente. Una vez funcione, cubre el rastro de *redstone* con bloques. ¡Puedes ponerlo en algún pasillo de tu casa para detectar intrusos!

Dispensador sencillo de flechas.

# ARMADURAS

**L**as armaduras son muy importantes en las ba
bates con criaturas menores, puedes sobreviv
cuando luchas contra criaturas más poderosas la
que te permite resistir mejor los ataques y sobrev
de espadas o golpes físicos de otras criaturas o jug
que de flechas, fuego, lava, cañas de pescar, *ghast*
go lanzadas por *blazes*, cargas ígneas, cactus y e
obstante, no te protege de ahogo, caídas, efectos s
exposición prolongada al fuego, el vacío o las poci

Fabricar una armadura requiere 24 piezas del mism
ro, oro, hierro o diamante). No puedes fabricar cota
sí negociar con los aldeanos para conseguirlas. En
des obtener una de un esqueleto o un zombi que la
la suelte al morir.

Traje completo
de cota de malla.

Cada parte de una armadura aporta de 1 a 8 puntos de defensa. Un punto de defensa reduce en 4 % el daño recibido. En el HUD puedes consultar el número total de puntos de defensa que aporta tu armadura. Un peto es igual a 2 puntos de defensa. Las distintas partes de la armadura no protegen solo ciertas partes de tu cuerpo, sino que ofrecen un número total de puntos de defensa. Si estás empezando y tienes pocos materiales, puedes hacerte primero unas botas y un casco de cuero. Las botas cuestan 4 unidades de cuero y el casco 5. Cada uno aporta 1 punto de defensa, pero las botas te duran más tiempo. Gracias a la tabla de abajo, puedes consultar qué partes de una armadura te interesan más.

**Nivel de protección de armaduras completas**

| Material | Protección de armadura completa | Reducción del daño |
|----------|-------------------------------|--------------------|
| Cuero | 🛡🛡🛡🛡 | 28 % |
| Oro | 🛡🛡🛡🛡🛡🛡 | 44 % |
| Malla | 🛡🛡🛡🛡🛡🛡 | 48 % |
| Hierro | 🛡🛡🛡🛡🛡🛡🛡 | 60 % |
| Diamante | 🛡🛡🛡🛡🛡🛡🛡🛡 | 80 % |

## Puntos de defensa por partes

| | Cuero | Oro | Malla | Hierro | Diamante |
|---|---|---|---|---|---|
| Casco | 1 | 2 | 2 | 2 | 3 |
| Peto | 3 | 5 | 5 | 6 | 8 |
| Grebas | 2 | 3 | 4 | 5 | 6 |
| Botas | 1 | 1 | 1 | 2 | 3 |

## Durabilidad

La durabilidad de la armadura se reduce por golpes en combate y de armas, explosiones, lava o fuego. Las explosiones de dinamita y de *creeper* son las que más dañan tu armadura, pero puedes reducir a la mitad el daño bloqueando el golpe con tu espada. Cada ataque cuenta como un golpe, que te descuenta 1 punto de durabilidad en cada una de las partes de la armadura. Si la durabilidad de tu armadura llega a 0, la barra de ésta desaparece pero puedes volver a usar la armadura una vez más. Por otro lado, aunque uses una armadura que reduzca el daño, al recibir y repeler el daño se reduce también su durabilidad.

| | Cuero | Oro | Malla o hierro | Diamante |
|---|---|---|---|---|
| Casco | 56 | 78 | 166 | 364 |
| Peto | 81 | 113 | 241 | 529 |
| Grebas | 76 | 106 | 226 | 496 |
| Botas | 66 | 92 | 196 | 430 |

Con la versión 1.8 puedes colgar tu armadura en un soporte.

## Monturas para caballo

Las monturas se pueden encontrar en cofres de mazmorras, templos, minas o herrerías. Hay tres tipos de monturas para caballos. Las de hierro ofrecen 20 % de protección al caballo, las de oro 28 % y las de diamante 44 %. No se pueden encantar pero tienen una durabilidad ilimitada, por lo que jamás tendrás que repararla.

Un caballo con montura de diamante.

# CAPÍTULO 5

## ENCANTAMIENTOS

**L**os encantamientos y la alquimia no son fáciles de hacer al principio del juego. Por norma general, estas actividades requieren tiempo hasta conseguir todos los recursos necesarios. En cualquier caso, éste debe ser tu objetivo si esperas sobrevivir en el nivel Normal o Difícil. Tanto las pociones como las armas y armaduras encantadas marcan una gran diferencia a la hora de sobrevivir en combate. Además, son absolutamente necesarias para luchar contra criaturas poderosas como el dragón del Fin o el *wither*.

El arte de conjurar encantamientos se aprende antes que la alquimia, ya que no requiere ir hasta el Inframundo. Para empezar, necesitas una mesa de encantamientos, que puedes obtener al combinar obsidiana, libros y diamantes. También necesitas lapislázuli para pagar los encantamientos. Puedes alcanzar niveles superiores de encantamientos poniendo alrededor de la mesa de encantamientos hasta 15 librerías. Hay distintos niveles de encantamientos. Por ejemplo, un hechizo de Protección IV es mucho más eficaz que uno de Protección I.

Cómo fabricar una mesa de encantamientos.

Para conjurar encantamientos, haz clic en la mesa de encantamientos y coloca el objeto que quieres conjurar en la ranura izquierda. En el panel de la derecha, tendrás tres encantamientos distintos para elegir. Cada uno te indica el nivel de experiencia y la cantidad de lapislázuli que requiere. Elige el que quieras y después retira el objeto ya encantado. A veces puedes conseguir encantamientos extra con tu elección. Los objetos encantados se distinguen por tener un brillo especial.

Cuando tengas que elegir encantamiento, desplázate por encima de las opciones y verás una pista sobre cuál es uno de ellos.

Cuanto mayor es tu nivel de experiencia (puedes verlo en la barra verde de experiencia), más puntos de EXP necesitas para pasar al siguiente nivel. Tan pronto llegues al nivel 30 aprovecha y conjura un encantamiento, ya que los más poderosos son los que requieren ese nivel. Además, pasar del nivel 27 al 30 es bastante sencillo pero del 30 al 33 no tanto.

## Encantamientos para armaduras

El encantamiento de Protección reduce cualquier tipo de daño. El Ignífugo protege contra el fuego. Otros hechizos parecidos son Protección contra explosiones y Protección contra proyectiles; este último reduce el daño que provocan las flechas, los *ghasts* y las bolas de fuego de un *blaze*. Caída de pluma (solo para botas) reduce el daño de una caída. Agilidad acuática (solo para botas) te permite moverte más rápido bajo el agua. Oxígeno (solo para casco) te ayuda a respirar y ver mejor bajo el agua. Afinidad acuática (solo para casco) te permite cavar fácilmente bajo el agua. Espinas hiere a todo el que te ataca. De entre estos encantamientos, el mejor es Protección porque te protege de prácticamente todo. En cualquier caso, una vez tengas muchos diamantes conviene que te hagas distintas armaduras especiales para, por ejemplo, ir al Inframundo, luchar contra guardianes o cavar.

**Una armadura encantada te puede ayudar a moverte, respirar y picar bajo el agua.**

## Encantamientos para espadas

El encantamiento Afilado aumenta el daño que inflige. Golpeo aumenta aún más el daño pero solo contra muertos vivientes y Perdición de los artrópodos hace exactamente lo mismo pero contra arañas, lepismas y *endermites*. Aspecto ígneo prende fuego a tu objetivo y Rechazo lo derriba. Saqueo mejora la cantidad de objetos que sueltan las criaturas. Entre éstos, escoge Afilado en vez de Golpeo y Perdición de los artrópodos. Rechazo también es muy bueno para conseguir objetos extraños.

## Encantamientos para arcos

Poder aumenta el daño, mientras que Retroceso aumenta el rechazo que recibe una criatura al recibir un flechazo. Fuego dispara flechas incendiarias. Infinidad te permite disparar tantas flechas como quieras, siempre que tengas una en tu inventario. Entre éstos, elige Infinidad, sobre todo si tienes problemas para fabricar flechas, y después, Poder.

## Ojo con el oro

Aunque pueda parecer un material inútil en muchos aspectos por su baja durabilidad y puntos de daño, el oro tiene una cualidad muy especial que no debes olvidar: es mucho más apto para encantamientos. Puedes conseguir mejores hechizos por el mismo costo de EXP que con cualquier otro material. Esto quiere decir que es más probable que obtengas Afilado IV en tu mesa de encantamientos con una espada de oro que con una de diamante.

## armas encantadas

------------------

e ayudan a reparar armas encantadas
os. Para ello, coloca el objeto usado e
a, un objeto idéntico nuevo o el mater
bjeto (diamante o hierro, por ejemplo).
dos armas encantadas del mismo mate
binar ambos encantamientos. Además
binar un objeto no encantado con un
rar un encantamiento del libro sobre
ombinas dos objetos encantados del m
un objeto nuevo idéntico con un nive
o (si lo hay). Por ejemplo, si ponemos
se generará una espada nueva con Afil

Repair & N

Diamond S

Enchant

# CAPÍTULO 6

## POCIONES

Las pociones te pueden ayudar muchísimo en combate. Pueden restaurar tu salud, hacerte invisible e incluso más rápido y más fuerte. Son cruciales si pretendes luchar contra algún jefe, como el *wither*. Cuando empieces a pasearte por el Inframundo y luches contra sus criaturas, estarás preparado para crear pociones, ya que la mayoría de los ingredientes que necesitas se encuentran allí. Por ejemplo, para fabricar un soporte de pociones necesitas una vara de *blaze*, que genera este mismo. Si te acabas de beber una poción, aparecerá un mensaje en tu pantalla de inventario que te dirá cuánto dura su efecto, siempre que no sea una poción instantánea.

## Cómo elaborar pociones

Llena unos frascos con agua y mézclalos con otro ingrediente para crear una poción «base». El ingrediente suele ser una verruga infernal y la poción que genera se conoce como «poción rara». Después, toma tu poción base y mézclala con otro ingrediente nuevo para hacer una poción «primaria» que tendrá un efecto sobre el jugador durante cierto tiempo, como por ejemplo mayor velocidad.

Elaboración de una poción rara con una verruga infernal y agua.

Ahora, si quieres, puedes combinar tu poción primaria con otro ingrediente para crear una poción «secundaria». Añade piedra luminosa para hacerla más potente, pólvora para hacerla arrojadiza o *redstone* para que el efecto dure más. La piedra luminosa y la *redstone* se anulan mutuamente. A menudo, puedes añadir a una poción un ojo de araña fermentado para revertir su efecto y convertirla en veneno.

Elaboración de una poción de regeneración con una lágrima de *ghast* y una poción rara como base.

Modifica la poción de regeneración con pólvora para poder arrojarla.

## Pociones como armas

Las pociones arrojadizas actúan como armas. Su aspecto es como el de una granada pequeña con un anillo. Son más eficaces si se lanzan dentro del área de daño de un enemigo en lugar de al bloque de al lado. El área de daño es como una «caja» invisible alrededor de una criatura o un jugador que define desde dónde puede ser golpeado (o recogido si es un objeto). Cuidado con usar pociones contra muertos vivientes: en criaturas como esqueletos o zombis, las pociones arrojadizas pueden tener un efecto contrario. Una poción de daño puede curar a un esqueleto y una de curación puede dañarlo, mientras que una de regeneración no le causa ningún efecto. A los muertos vivientes, a las arañas y al dragón del Fin tampoco les afectan los venenos.

## Pociones básicas y sus ingredientes

| Rara (poción base) | Agua y verruga infernal |
|---|---|
| Resistencia al fuego | Crema de magma |
| Curación | Sandía reluciente |

| | |
|---|---|
| Salto | Pata de conejo |
| Visión nocturna | Zanahoria dorada |
| Veneno | Ojo de araña |
| Regeneración | Lágrima de *ghast* |
| Fuerza | Polvo de *blaze* |
| Velocidad | Azúcar |
| Respiración acuática | Pez globo |
| Daño | Poción de respiración acuática o veneno + Ojo de araña fermentado |
| Lentitud | Poción de velocidad o resistencia al fuego + Ojo de araña fermentado |
| Debilidad | No requiere una poción rara como base. Solo agua y ojo de araña fermentado |

# TÉCNICAS DE COMBATE

ejora tus habilidades de combate con las siguiente:
:as básicas (algunas funcionan mejor que otras en
ones):

**o:** solo con hacer clic en el botón derecho del ratón
ir hasta 50 % del daño recibido.

Haz clic en el bot
derecho con tu e
para bloquear el
de los ataques.

**Bloqueo y golpe:** si alternas botón derecho e izquierdo del ratón, bloqueas y golpeas casi a la vez. Esto te permite atacar a tu oponente sin bajar la guardia. Sin embargo, cada vez que bloqueas te mueves un poco más despacio, así que esta técnica funciona mejor en combates que no exigen que estés girando o moviéndote demasiado. Por otro lado, si tu oponente no te ve tampoco puede atacarte, por lo que no necesitas bloquear y atacar.

**Retroceso:** para hacer retroceder a un enemigo, corre hacia él y golpéalo. Esta técnica puede hacer retroceder a un jugador el doble de distancia que un golpe normal. No es recomendable usarla contra esqueletos (puedes darles tiempo para recargar el arco y que te disparen), ni contra criaturas difíciles de atrapar.

**Rodeo:** describe círculos alrededor de tu enemigo, lo que les pone más difícil el poder impactarte. Si además te mantienes detrás del jugador o la criatura todo el rato, podrás infligirle daño y él a ti no.

**Golpes críticos:** cuando caes desde el aire aumentas tu daño en 50%. ¡Salta y golpea al caer! Puedes practicar cuando vayas a matar a tus cerdos y ovejas.

Salta y ataca en caída para dar un golpe crítico. A tu enemigo le saldrán estrellitas alrededor.

**Zigzag:** si tu enemigo usa un arco u otro tipo de arma para proyectiles, oprime A y D para moverte en zigzag mientras te acercas a tu enemigo para que le sea más difícil alcanzarte.

**Sincronización de espada:** comprueba la sincronización de tu espada. Si haces clic muy deprisa, la animación de la espada no puede alcanzar tu velocidad. Cuando esto ocurre, el juego se deshace de algunos de tus clics de ataque para poder mantenerla. Si un clic queda sin animación, tu espada no está haciendo daño y no cuenta. Si haces clic un poco más despacio, puedes comprobar cómo tu ataque se ve reflejado en la imagen y cuenta como daño. Con esta técnica puedes mejorar tu relación clics/impactos.

**Puntería:** cuando apuntes con tu arco (o cualquier otra arma de proyectil), debes tener muy en cuenta la dirección en la que se mueve tu oponente. Si va hacia la derecha, gira un poco a la derecha tú también para asegurarte de que entra en tu área de tiro. Si estás esperando a que tu oponente pase por delante, prepárate y carga la flecha al máximo. Mantente ahí hasta que esté al alcance y ¡entonces dispara! Si el combate es a corta distancia y estás peleando con el arco, es posible que no tengas tiempo de cargar al máximo tus flechas. Cárgalas a la mitad tensándolas un par de segundos, entonces dispara y recarga.

Las flechas pierden altura cuando las disparas, así que apunta alto. La práctica te llevará a la perfección.

**Aturdimiento por caña de pescar:** a muchos jugadores les gusta usar las cañas de pescar en combate. Si haces clic con el botón derecho en tu oponente mientras corres hacia él o huyes de él, lo aturdes durante unos segundos, lo que te da tiempo para atacar o escapar.

**Armas secretas:** si estás a punto de usar un mechero o un cubo de lava, no los saques antes de usarlos porque es probable que tu enemigo entienda lo que pretendes hacer y puede escapar. Mejor usa los números del 1 al 9 para cambiar rápidamente de arma.

**Huida con perlas de Ender:** teletranspórtate a cualquier sitio con las perlas de Ender. Sí, es cierto que te dañan un poco, pero siempre es mejor que caer desde muy alto, caer en lava o luchar en una pelea en la que te superan en número y armas.

**Pelea en el agua:** en el caso de que te encuentres luchando en el agua, la cual ralentiza a tu oponente, procura atacarlo desde dentro del agua. Desde esa posición evitas sus golpes y puedes seguir atacando.

**No dejes de comer:** tu barra de salud es lo que determina la rapidez con la que sanas, así que asegúrate de llevar buena comida y en abundancia por si la barra disminuye.

**Práctica:** crea un mundo que te sirva de entrenamiento en el que únicamente luches y mueras, luches y mueras. Si activas los atajos (o «trampas») puedes usar el modo creativo para conseguir fácilmente una armadura, comida, armas, cofres, etc. De esta manera, cuando cambies a un nivel de dificultad mucho mayor, no tendrás que estar perdiendo el tiempo en asar carne ni cazar, solo concentrarte en luchar.

# CAPÍTULO 8

# CRIATURAS HOSTILES

**E**s posible que alguna vez veas escrita la palabra «mob», abreviación del inglés *mobile*. Esta palabra se usaba en los primeros juegos multijugador para referirse a toda entidad.

## Tipos de criatura

En Minecraft, las criaturas se clasifican de muchas maneras. Por ejemplo, en función de su agresividad o de los lugares por los que merodean.

**Criaturas pasivas:** las que nunca atacan, como murciélagos, gallinas, vacas, caballos, champiñacas, ocelotes, cerdos, conejos, ovejas, calamares y aldeanos.

**Criaturas neutrales:** son pasivas pero en ciertas circunstancias pueden volverse hostiles. Algunas de ellas son: arañas y arañas de cueva (si hay mucha luz), *endermen*, lobos y hombrecerdos.

**Criaturas hostiles:** te atacan aunque no las provoques. Incluyen criaturas como: *blazes*, zombis bebés, jinetes avícolas, *creepers*, guardianes ancianos, *endermites*, *ghasts*, guardianes, conejos asesinos, *slimes* magmáticos, lepismas, esqueletos, *slimes*, jinetes arácnidos, brujas, *withers*, esqueletos *wither*, zombis y aldeanos zombis.

**Criaturas nocturnas:** merodean en zonas con muy poca luz en el Mundo Principal. Entre ellos: *endermen*, esqueletos, *creepers*, arañas y zombis.

Las criaturas de la noche salen cuando hay menos luz.

**Criaturas del Inframundo:** se encuentran solo en el Inframundo y son los *ghasts*, *slimes* magmáticos y hombrecerdos zombis.

**Criaturas autóctonas:** aquellas que son naturales de ciertas zonas. Por ejemplo, las criaturas autóctonas del Mundo Principal son las arañas de cueva, *slimes*, lepismas y brujas. Las del Inframundo son los esqueletos *wither* y los *blazes*.

Las **criaturas utilitarias** son las que se crean para servir. Los gólems de hierro y de nieve son criaturas utilitarias. Los primeros pueden aparecer de forma natural en aldeas y protegen a los aldeanos de criaturas hostiles. Los gólems de nieve solo pueden ser creados por jugadores y también atacan a la mayoría de criaturas.

Los gólems de hierro y de nieve son muy útiles si estás en un apuro.

**Criaturas jefe:** tienen códigos de programación más complejos y son capaces de curarse a sí mismos. Además, tienen altos niveles de curación y ataque, lo cual los hace muy difíciles de matar. Dos ejemplos son el dragón del Fin y el *wither*.

## Más sobre las criaturas hostiles

Las criaturas hostiles se generan a una distancia de entre 24 y 128 bloques respecto al jugador. La mayoría detectan a los jugadores que están a 16 bloques de distancia, algunos incluso desde más lejos. Cuando un jugador entra en el campo de visión de una criatura (los bloques opacos te ocultan), ésta empieza a perseguirlo. Si la criatura se encuentra a más de 128 bloques del jugador, desaparece. No obstante, si la renombras no desaparecerá. Algunas criaturas pueden llevar o recoger armas y armaduras, en cuyo caso tampoco desaparecen.

Una vez generadas, las criaturas pasean sin rumbo. Sin embargo, si no detectan a ningún jugador cercano (en un radio de 32 bloques) se paran al cabo de cinco segundos y sencillamente se quedan quietas.

Prácticamente todas las criaturas son vulnerables a los mismos peligros que los jugadores: ahogo, lava, cactus, dinamita y caídas. También son vulnerables al fuego, excepto las criaturas del Inframundo, que viven en el ígneo bioma del Infierno y están acostumbradas.

Casi todas las criaturas son vulnerables a los mismos peligros que los jugadores. Estos *creepers* se han quedado atrapados en la lava.

# CAPÍTULO 9

## ZOMBI BEBÉ Y
## JINETE AVÍCOLA

### Zombi bebé

Los zombis bebés son miniaturas de zombis. Hay versiones zombi bebé de zombis, aldeanos zombi y hombrecerdos zombi, pero todos se comportan más o menos igual. Un 5 % de los zombis que se generan suelen ser zombis bebés. Los objetos que sueltan son los mismos que los de sus versiones adultas. Además, no solo pueden ir armados, sino que también pueden recoger armas.

Un aldeano zombi bebé.

Un hombrecerdo zombi bebé.

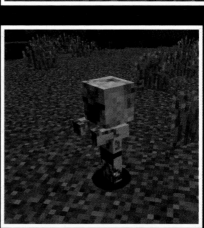

## Jinete avícola

Un jinete avícola puede ser un zombi, un aldeano zombi o un hombrecerdo zombi —siempre en su versión bebé— que monta una gallina. Hay 5 % de probabilidades de que un zombi bebé se genere como jinete avícola, lo que resulta en un 0.25 % de probabilidades de que aparezca un jinete avícola. Dicho de otra forma: en general, 1 de cada 400 zombis puede aparecer como jinete avícola. Sin embargo, sus probabilidades aumentan si, cuando aparece, hay gallinas cerca.

Jinete avícola.

Quizá estas criaturas te parezcan adorables, pero son mucho más difíciles de matar que sus versiones adultas. ¡Son rapidísimas!

Tampoco te creas que puedes empujar a un jinete avícola por un acantilado fácilmente. Si lo haces, la gallina revoloteará un poco y volverá a aterrizar sobre el suelo, sin haber sufrido daño alguno ni ella ni su jinete; pero si el jinete avícola entra en contacto con el agua, se separarán en un zombi bebé y una gallina.

### FICHA: ZOMBI BEBÉ

**Tipo de criatura:** hostil, nocturna

**Salud:**        Gallina: 4 ❤❤

                Zombi bebé: 20 ❤❤❤❤❤❤❤❤❤❤

**Daño:**

                Fácil: 2 ❤

                Normal: 9 ❤❤❤❤❤

                Difícil: 13 ❤❤❤❤❤❤❤

**Experiencia:** hasta 22 puntos (12 por el zombi bebé, 10 por la gallina)

**Objetos que suelta:** carne podrida, 1 pollo crudo, hasta 2 plumas y, en ocasiones, 1 zanahoria, 1 patata, su arma o armadura, 1 lingote de hierro o de oro (si es un hombrecerdo zombi bebé)

**Localización:** aparecen en el Mundo Principal con un nivel de luz igual o inferior a 7. Los hombrecerdos zombis bebés se generan en el Inframundo

**Golpes con espada para matarlo (zombi bebé):**

Madera: 4

Piedra: 4

Hierro: 3

Oro: 4

Diamante: 3

**Golpes con arco para matarlo:** 3

## Cómo luchar contra un zombi bebé o un jinete avícola

Para luchar contra estos monstruitos necesitarás la espada, porque son muy rápidos. Aunque son muy graciosos, ¡no bajes la guardia!, podrían acabar contigo. Estos pequeños demonios aparecen cuando el nivel de luz es más bajo, pero eso no significa que se quemen a la luz del día. También pueden correr sobre huecos de bloques de 1 x 1. La mejor manera de acabar con un zombi bebé o un jinete avícola una vez que te ha visto es atacar lo más rápido posible. Si puedes, coloca dos bloques (de grava, por ejemplo) encima del zombi bebé y atácalo desde ahí.

# CAPÍTULO 10

## BLAZE

zes son criaturas hostiles que se encuentran en las for-
s del Inframundo. Su cuerpo está hecho de humo gris
tá rodeado por tres secciones de cuatro varas doradas
a su alrededor. Son oponentes bastante temibles. Tan
ven, se elevan y envuelven en llamas, y enseguida te
s bolas de fuego. Aunque parezca más conveniente evi-
blazes sueltan varas de *blaze*. Estos objetos son clave
ar muchas actividades en Minecraft. Por ejemplo, nece-
ara de *blaze* para fabricar una mesa de encantamientos
*blaze* para crear una poción de resistencia al fuego.
ecesitas polvo de *blaze* para hacer un ojo de *enderman*,
esitas para hallar y reparar el portal del Fin.

blazes merodean libremente por las fortalezas del Inframun-
pero ten cuidado porque también existen salas especiales que
ergan generadores de *blazes*. Estas salas suelen ser balcones
eriores que se encuentran en las fortalezas.

Un generador de *blazes* en una fortaleza del Inframundo.

## FICHA: *BLAZE*

**Tipo de criatura:** hostil, Inframundo, autóctona

**Salud:**          20

**Daño (bolas de fuego):**

Fácil: 3

Normal: 5

Difícil: 7

**Daño (contacto físico):**

> Fácil: 4 ♥♥
>
> Normal: 6 ♥♥♥
>
> Difícil: 9 ♥♥♥♥♥

**Experiencia:** 10 puntos

**Objetos que suelta:** hasta 1 vara de *blaze* (en la edición para consolas, también puede soltar hasta 2 unidades de polvo de piedra luminosa)

**Localización:** en fortalezas del Inframundo, a través de un generador de *blazes* o a niveles de luz igual o inferiores a 11

**Golpes con espada para matarlo:**

🗡 Madera: 4, si no tienes armadura ni espadas poderosas ni te molestes en luchar (a menos que juegues en nivel fácil). Las bolas de fuego y el contacto físico con el *blaze* acabarán contigo enseguida

🗡 Piedra: 4

🗡 Hierro: 4

🗡 Oro: 4

🗡 Diamante: 3

## Cómo luchar contra un *blaze*

- - - - - - - - - - - - - - - - - - - - - - - - - - -

El *blaze* es una de las criaturas más complicadas de matar, ya que no para de moverse por aire y tierra, y casi siempre fuera del alcance. Arroja bolas de fuego muy rápido y, si te toca mientras está envuelto en llamas, te inflige aún más daño. Una poción de resistencia al fuego te protege bastante en el combate. Sin embargo, para crear pociones necesitas una mesa de encantamientos, y para crear una necesitas una vara de *blaze*. En cualquier caso, tendrás que enfrentarte al menos una vez a un *blaze* sin ayuda de pociones. En este caso, sí que puedes usar una manzana dorada encantada que te puede aportar ciertas habilidades como Absorción, Regeneración, Resistencia, ¡incluso cinco minutos de Resistencia al fuego!

Tras arrojar bolas de fuego, el *blaze* necesita unos segundos para recargar.

Por fortuna, las bolas de nieve son bastante efectivas contra los *blazes* (y también contra el dragón del Fin). Producen 3 puntos de daño en los *blazes* y 1 en el dragón del Fin. La estrategia perfecta es lanzarle bolas de nieve al *blaze* al principio e inmediatamente después correr hacia él para matarlo con tu espada. Si tienes una poción de resistencia al fuego, puedes intentar agarrarlo con la caña de pescar y acercarlo lo suficiente para atacarlo con la espada. El agua también los afecta, pero en el Inframundo el agua se evapora.

Una vez que se genera un *blaze*, tienes unos segundos de margen mientras se prepara para lanzarte bolas de fuego. Después de lanzarlas (lo cual solo hace si estás dentro de su campo de visión y a menos de 16 bloques de distancia), necesita unos segundos para recargar. Aprovecha esos segundos para infligirle tanto daño como puedas. Es más, si puedes esconderte tras un bloque, puedes salir para que te vea y volver a esconderte cuando te arroje las bolas de fuego, para después volver a salir mientras recarga y atacarlo. Esta técnica es mucho más difícil si te encuentras rodeado de más *blazes*.

Otra posibilidad es crear un espacio que te permita estar justo bajo el *blaze*, protegido por varios bloques (de infiedra, por ejemplo), pero dejando un hueco de un bloque para, desde ahí, atacar al *blaze* con la espada. Además, en caso de que haya alguna otra criatura por ahí cerca como un esqueleto *wither*, úsala de escudo. Así, cuando el *blaze* intente atacarte, golpeará a la otra criatura, la cual se enfrentará enseguida a él. De esta manera, mientras ambas criaturas luchan, puedes atacar al *blaze* con más libertad.

## CAPITULO 11

## ARAÑA DE CUEVA

Al igual que su prima hermana la araña, la araña de cueva es u
criatura neutral. Pasiva en niveles de luz a partir de 12 y ho
niveles inferiores. Se parece bastante a la araña común, aunc

colarse fácilmente a través de huecos de un bloque de ancho y medio de alto. Debido a su reducido tamaño y a su velocidad, son un poco complicadas de matar.

## FICHA: ARAÑA DE CUEVA

**Tipo de criatura:** neutral, autóctona

**Salud:** 12 puntos ♥♥♥♥♥♥

**Daño:**

Fácil: 2 ♥

Normal: 2 (con veneno) ♥

Difícil: 3 (con veneno) ♥♥

**Experiencia:** 5 puntos

**Objetos que suelta:** hasta 2 hilos, hasta 1 ojo de araña

**Localización:** aparecen en minas abandonadas, en niveles de poca luz

**Golpes con espada para matarla:**

Madera: 3

Piedra: 2

Hierro: 2

Oro: 3

Diamante: 2

**Golpes con arco para matarla:** 2

Para acabar con la araña de cueva, debes matar a todas las arañas que haya y que aparezcan y desactivar o destruir el propio generador. Como son muy rápidas, lo más adecuado es usar una espada antes que un arco, ya que cargar y disparar flechas lleva más tiempo.

Lucharás contra un montón de arañas al mismo tiempo que intentas destruir las telarañas que rodean el generador para destruirlo. Puedes usar un cubo de agua para quitar las telarañas o usar unas tijeras para cortarlas más rápido. El agua también puede destruir las antorchas que te iluminan, así que ten cuidado. Otra técnica es bloquear el pasillo en el que se encuentran las arañas y luego picar hasta llegar al generador y destruirlo con el pico o desactivarlo poniéndole antorchas a su alrededor (su luz evita que se acerquen o se generen más arañas).

Procura que las arañas no se coloquen por encima de ti, ya que pueden saltar y herirte fácilmente. El veneno de su mordedura es tan peligroso que puede reducir tu barra de salud a solo medio corazón. Aunque esto no te mata, te debilita lo suficiente como para morir en el próximo ataque. Si te muerden, retrocede y usa alguna poción o leche para sanarte antes de volver a atacar. Si no te interesan el generador, los objetos y los puntos de experiencia, ¡siempre puedes echarle un cubo de lava!

# CAPÍTULO 1:

## CREEPER

Si un rayo alcanza a un *creeper*, éste se transformará en un *creeper* cargado. Esta versión del *creeper* tiene un aura azulada a su alrededor que representa la carga eléctrica. Su explosión causa más daño que la dinamita.

*Creeper* cargado.

En el momento en que un *creeper* te vea (debes estar a un mínimo de 16 bloques), empezará a perseguirte. Cuando se encuentre a un bloque de distancia de tu posición, oirás un zumbido y, un segundo y medio más tarde, explotará. Tienes un segundo para alejarte (mínimo de 3 a 5 bloques, dependiendo del nivel de dificultad) antes de que explote.

Un *creeper* a punto de explotar y, a la derecha, un *creeper* explotando.

## FICHA: *CREEPER*

**Tipo de criatura:** hostil, nocturna

**Salud:** 20 ♥♥♥♥♥♥♥♥♥♥

**Daño (máximo):**

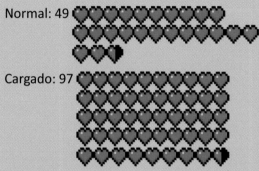

Normal: 49

Cargado: 97

**Objetos que suelta:** hasta 2 unidades de pólvora, 1 disco de música (si lo mata un esqueleto) o 1 cabeza de *creeper* (si lo mata un *creeper* cargado)

**Localización:** en el Mundo Principal a nivel de luz 7 o menos

**Golpes con espada para matarlo:**

Madera: 4

Piedra: 4

Hierro: 4

Oro: 4

Diamante: 3

**Golpes con arco para matarlo: 3**

La mejor manera de matar a un *creeper* es con el arco y mante
niendo la distancia. Otra estrategia es correr hacia él y atacarl
con una espada. Si lo golpeas con impulso conseguirás empuja
lo lejos, más que si no corrieras. Tan pronto golpees al *creepe*
oprime S para retroceder rápido. Es mejor retroceder enseguid
que flanquearlo a la izquierda o a la derecha. Si continúas avar
zando, seguirás demasiado cerca de él. También puedes usa
esta estrategia sin tomar impulso, pero ten cuidado con el tien
po de la explosión. En cualquier caso, repite esta técnica un
otra y otra vez hasta que el *creeper* muera. Quizá te interes
practicar un poco antes las combinaciones W + S para avanzar
retroceder.

Como para casi todas las criaturas, el encantamiento de espac
más efectivo es Afilado y el de arco, Poder. Además, puedes hac
retroceder al *creeper* con un encantamiento Rechazo (espada)
Retroceso (arco); es muy útil, sobre todo si lo combinas con
técnica de golpear y retroceder.

## CAPITULO 13

## GUARDIÁN ANCIANO

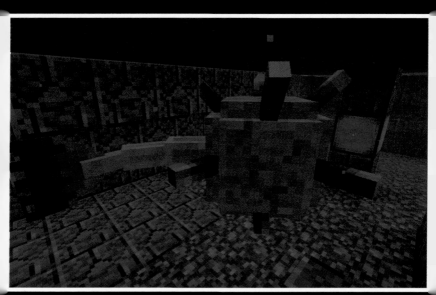

El guardián anciano (más grande y fuerte que el guardián) es una criatura hostil, autóctona de los biomas de océano profundo y que suele aparecer en monumentos oceánicos. En cada monumento se generan tres guardianes ancianos y, una vez los has matado, ya no se vuelven a generar. Se encuentran dentro de los monumentos; uno de ellos en una sala cercana al tesoro (8 bloques de oro escondidos en bloques de prismarina) y los otros dos en salas situadas en extremos opuestos del monumento.

Los monumentos oceánicos son poco comunes y se hallan en el océano profundo.

El guardián anciano es muy parecido al guardián común. Sus ataques son iguales, con un láser o con sus púas, pero infligen más daño. Suelta los mismos objetos, aunque con una posibilidad añadida: una esponja húmeda. Además, nada deprisa y ataca tanto a jugadores como a calamares. Es probable que se alejen un poco de ti para ganar más rango de ataque con su rayo. Por otro lado, tienen la habilidad de infligir Fatiga de picar III a jugadores que se encuentren a menos de 50 bloques durante cinco minutos. Es un efecto de estado que reduce considerablemente la velocidad al picar y dificulta mucho romper bloques. Cuando esto ocurra, verás una imagen fantasmal del guardián anciano en la pantalla.

### FICHA: GUARDIÁN ANCIANO

**Tipo de criatura:** hostil, autóctona

**Salud:** 80

**Daño**:

Fácil: 5

Normal: 8

Difícil: 12

Cuando se le ataca: 4

**Experiencia**: 10 puntos

**Objetos que suelta:** 1 pescado crudo, hasta 2 fragmentos de prismarina, 1 esponja húmeda; y en muy raras ocasiones, salmón crudo, pez payaso crudo o pez globo crudo

**Localización**: solo en monumentos oceánicos y se generan una única vez en cada uno. Al contrario que otras criaturas hostiles, no desaparece, excepto en modo pacífico

**Golpes con espada para matarlo:**

Madera: 16

Piedra: 14

Hierro: 12

Oro: 16

Diamante: 10

**Golpes con arco para matarlo:** 9

# Cómo luchar contra un guardián anciano

Antes de luchar contra un guardián anciano, necesitas tener una armadura y encantamientos y pociones que te permitan moverte y pelear bajo el agua, como Afinidad acuática, Oxígeno, Agilidad acuática, Rapidez, Visión nocturna y Respiración. Otra buena táctica es usar una poción de invisibilidad para evitar que los guardianes ancianos te vean.

El guardián anciano reducirá tu velocidad para picar, para impedirte encontrar los bloques de oro escondidos.

En el combate cuerpo a cuerpo, la mejor opción es usar una espada encantada y bien afilada para atacar rápido e infligir mucho daño. Con Fatiga de picar te será casi imposible conseguir los bloques de oro, por lo que tu mayor objetivo es matar a los guardianes ancianos cuanto antes.

# CAPÍTULO 14

## DRAGÓN DEL FIN

El dragón del Fin es un dragón enorme con ojos morados y rojizos. Es la criatura más grande del juego, de unos 20 bloques de largo. Existe un único dragón del Fin y se encuentra en la región del Fin, a la cual puedes llegar a través de un portal del Fin.

El Fin es una isla hecha de unos bloques especiales llamados «piedras del Fin» y altas columnas de obsidiana que se alzan desde el suelo. La isla flota sobre una nada infinita conocida como «el Vacío». Si caes desde algún precipicio al vacío, mueres. El dragón vuela sobre lo alto de algunas columnas de obsidiana que tienen una característica en común, unos bloques especiales de cristal en su parte más alta. Estos cristales curan al dragón cuando está herido, lo que lo hace muy difícil de matar.

Cuando el dragón está cerca de ti, su barra de salud morada aparece en la pantalla. Para atacarte, se abalanzará sobre ti desde las alturas y, por el camino, destruirá todo aquello que encuentre (excepto las piedras del Fin y los bloques de obsidiana). No solo puede dañarte con su ataque, sino que también te desplazará unos bloques. Es posible que se vuelva a alejar volando, pero solo para volver a atacarte.

## FICHA: DRAGÓN DEL FIN

**Tipo de criatura:** jefe

**Salud:** 200 ❤❤❤❤❤❤❤❤❤❤

**Daño:**

Fácil: 6 ❤❤❤

Normal: 10 ❤❤❤❤❤

Difícil: 15 ❤❤❤❤❤❤❤❤

**Experiencia:** 12 000 puntos

**Objetos que suelta:** huevo de dragón

**Localización:** solo se genera una vez, en el Fin

**Golpes con espada para matarlo:**

 Madera: 40 (este cálculo no es realista, ya que hay que tener en cuenta la rapidez con la que vuela y sana el dragón. Necesitas una espada de diamante encantada y un arco encantado para matarlo y, aun así, tu número de ataques será superior al de la tabla porque es probable que falles varias veces)

Piedra: 34

Hierro: 29

Oro: 40

Diamante: 25

**Golpes con arco para matarlo:** 23

## Cómo luchar contra el dragón del Fin

Antes de ir al Fin, necesitas estar bien preparado. Primero, asegura la zona de alrededor del portal y coloca cofres con provisiones extra. Luego, haz una cama y pasa la noche allí; de este modo, si mueres y te regeneras, tu punto de origen estará ahí y podrás volver más rápido y con nuevas provisiones.

Respecto a los recursos, necesitas una armadura encantada de diamante, espadas de diamante y arcos encantados. Te aconsejo que te lleves otro juego completo de armadura, tres espadas y tres arcos. Como vas a luchar durante bastante rato, lo mejor es que lleves un montón de flechas o un arco con Infinidad. También es muy recomendable llevar muchos bloques de obsidiana para construir puentes con la isla y plataformas de defensa. Aparte de mucha comida, otras provisiones útiles pueden ser un montón de bolas de nieve, recursos para crear un ejército de gólems de hierro y nieve y varias pociones de curación y regeneración.

Para derrotar al dragón, primero debes destruir los cristales que lo curan y que están en lo alto de las columnas de obsidiana. Son como cubos que giran envueltos en llamas. Otra forma fácil de detectarlos es cuando curan al dragón, ya que emiten un rayo. Puedes destruirlos lanzando cualquier objeto (aunque no cause daño alguno), desde una flecha hasta una bola de nieve o un huevo. ¡Cuidado! Cuando los destruyes, generan una explosión más fuerte que la dinamita, así que no te quedes cerca. Un truco es subir a otra columna de obsidiana, construir una zona segura y, desde ahí, intentar destruir el cristal.

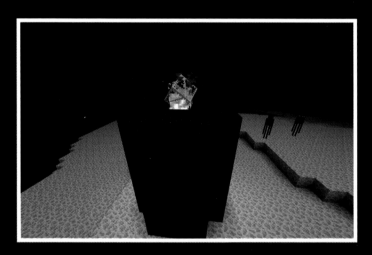

Los cristales curan al dragón y lo hacen más difícil de matar. Tendrás que destruirlos antes.

Por otro lado, tendrás que enfrentarte a hordas de *endermen* que merodean por ahí. No los mires directamente para no provocarlos, aunque es fácil meter la pata. Puedes usar un casco de calabaza para evitar que te vean, pero te reduce la visibilidad. Otro consejo es crear un ejército de gólems de hierro y nieve para que luchen contra ellos y los distraigan. Por último, puedes usar una poción de invisibilidad, pero no funciona con el dragón y, además, exige que te quites la armadura.

Una vez que has destruido todos los cristales, es el momento de enfrentarte al dragón del Fin. Tu mejor arma será el arco. Espera a que el dragón se lance contra ti y dispárale a la cabeza. Estos ataques le causan más daño que los golpes que reciba en cualquier otra parte del cuerpo (que causan solo una cuarta parte del daño que inflige tu arco). Sin embargo, tendrás que repetir esta estrategia muchísimas veces al tiempo que te daña y te sanas. El dragón del Fin es inmune a la lava, las pociones y el fuego. Solo puedes dañarlo con explosiones, una espada o flechas.

Cada vez que dañas al dragón, éste se aleja unos segundos, así que aprovecha ese tiempo para recomponerte y curarte.

Cuando por fin destruyes al dragón, explota y genera unos destellos impresionantes. Tras su muerte, aparece un portal —que te lleva de vuelta al Mundo Principal— y un huevo de dragón. El huevo no sirve para nada. Si haces clic sobre él, se teletransporta unos bloques a distancia, lo que lo hace un poco complicado de conseguir. Truco: si consigues que caiga sobre una antorcha, se volverá un objeto y podrás agarrarlo con más facilidad.

## Cómo llegar al Fin

El Fin es una tierra oscura, como el Inframundo, cuyos habitantes son los *endermen* y el dragón del Fin. Para llegar hasta allí, tienes que encontrar un portal situado en una fortaleza. Estas fortalezas son laberintos muy rebuscados con mazmorras, muchos pasillos y escaleras. En el Mundo Principal existen únicamente tres fortalezas. Dentro de una fortaleza también puedes encontrar calabozos, librerías y fuentes. Para dar con una necesitas unas 15 perlas de *enderman* y, tras combinarlas con polvo de *blaze*, transformarlas en ojos de *enderman* (también puedes negociar con los aldeanos para conseguir ojos de *enderman*). Al lanzar un ojo de *enderman* al aire, éste te indica la dirección en la que se encuentra la fortaleza más cercana. Recógelo cuando caiga al suelo y sigue la dirección que te ha marcado. Repite varias veces la acción hasta llegar a la fortaleza. Entonces, vuelve a lanzarlo y cava justo en el lugar en el que caiga a tierra. Cuando ya estés en la fortaleza, recórrela hasta encontrar la sala del portal que contiene un generador de lepismas y el portal averiado. Para arreglar el portal debes colocar a su alrededor 12 ojos de *enderman*. Coloca todos los que falten y salta para viajar hasta la región del Fin. ¡Recuerda ir bien preparado, ya que la primera vez es muy probable que te maten y tengas que volver al Mundo Principal!

os *endermen* son criaturas negras de tres bloques de altura c
brazos y piernas muy largos. Suelen encontrarse en el Mu
do Principal y en el Fin rodeados de unas pequeñas estrellas m
radas y, a menudo, sostienen un bloque (¡ellos son los culpab

# FICHA: *ENDERMAN*

**Tipo de criatura:** neutral, nocturna

**Salud:** 40

**Daño:**

Fácil: 4

Normal: 7

Difícil: 10

**Experiencia:** 5 puntos

**Objetos que suelta:** hasta 1 perla de *enderman* (se usa para hacer ojos de *enderman*)

**Localización:** en niveles de luz iguales o inferiores a 7, tanto en el Mundo Principal como en el Fin

**Golpes con espada para matarlo:**

Madera: 8

Piedra: 7

Hierro: 6

Oro: 8

Diamante: 5

**Golpes con arco para matarlo:** 5

## Cómo luchar contra un *enderman*

Cuando provocas a un *enderman* al mirarlo o atacarlo, éste empieza a temblar y emite un chirrido largo y desagradable. Enseguida, se teletransporta hacia ti y te ataca por medio de golpes físicos. Si lo atacas y lo hieres, se teletransporta unos bloques más lejos para atacarte de nuevo después, normalmente desde atrás.

Arrojar objetos como flechas y pociones de daño sobre ellos no sirve de nada, ya que siempre se teletransportan antes de ser alcanzados.

Sin embargo, un *enderman* también tiene puntos débiles que puedes usar en tu favor:

- No puede pasar por huecos inferiores a tres bloques de altura.

- Cuando atacas la parte inferior de sus piernas, no suele teletransportarse.

- El agua lo daña.

- Se vuelve neutral de nuevo si es dañado por la lluvia, la lava o la luz solar.

Si lo que buscas es conseguir perlas de *enderman* y necesitas matar a varios, la mejor estrategia es construir un pequeño fuerte de dos bloques de altura y dos bloques de profundidad, lo suficiente para que quepas. Ahora, provoca a un *enderman* y corre a esconderte

Construye un pequeño fuerte con un hueco en medio y ataca, desde ahí, a las piernas del *enderman*.

También puedes construir una columna de tres bloques de altura, provocar a un *enderman* para que se teletransporte cerca de ti y, desde lo alto de la columna, atacarlo con la espada. Podrás golpearlo fácilmente, ya que no puede teletransportarse a tu columna ni volar. Sin embargo, al no poder alcanzar sus piernas es posible que se teletransporte lejos y te quedarás sin perla.

# CAPÍTULO 16

## ENDERMITE

El *endermite* es una nueva criatura que apareció en la actualización 1.8 *Bountiful*. Su cuerpo se basa un poco en el lepisma pero no tiene cola y es regordete y morado. Al igual que el lepisma, tiene poca salud y hace poco daño. También puede saltar un bloque de altura, se ahoga en arena de almas y emite el mismo sonido al morir. En la versión 1.8 aparece con poca frecuencia, cuando usas una perla de *enderman* o cuando un *enderman* se teletransporta. Es posible que el *endermite* sufra cambios en próximas actualizaciones, ¡no lo pierdas de vista!

## FICHA: *ENDERMITE*

**Tipo de criatura:** hostil

**Salud:** 8

**Daño:** 2

**Experiencia:** 3 puntos

**Objetos que suelta:** ninguno

**Localización:** hay 5% de posibilidades de que aparezca uno cuando lanzas una perla de *enderman*. También pueden aparecer cuando un *enderman* se teleporta para alejarse

**Golpes con espada para matarlo:**

Madera: 2

Piedra: 2

Hierro: 2

Oro: 2

Diamante: 1

**Golpes con arco para matarlo:** 1

## Cómo luchar contra un *endermite*

Puedes atacarlo con la espada a corta distancia sin que te inflija mucho daño. Pocos golpes bastarán para acabar con él, y no llamará a sus amigos para que le ayuden. Además, desaparece tras solo unos minutos.

# CAPÍTULO 17

## *GHAST*

El *ghast* es una de las criaturas más grandes de Minecraft, c⋯ un cuerpo de 4 x 4 bloques de alto y nueve largos tentácul⋯ colgantes. Flota en el cielo del Inframundo; si te ve y está lo b⋯ tante cerca, abre la boca para lanzar una bola de fuego direc⋯ hacia ti. Puedes detectar si tienes un *ghast* cerca por el maulli⋯ gatuno que emite. Al igual que otras criaturas del Inframundo, el fuego ni la lava le hacen daño.

### FICHA: *GHAST*

**Tipo de criatura:** hostil, autóctona del Inframundo

**Salud:** 10 ♥♥♥♥♥

**Daño:** 17 ♥♥♥♥♥♥♥♥♥ como máximo. El daño depende de lo lejos que esté el *ghast* y de en qué punto del radio de la explosión se encuentre el jugador

**Experiencia:** 5 puntos

**Objetos que suelta:** hasta 2 de pólvora, hasta 1 lágrima de *ghast*

**Localización:** el Inframundo

**Golpes con espada para matarlo:**

 Madera: 2

 Piedra: 2

 Hierro: 2

 Oro: 2

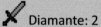 Diamante: 2

**Golpes con arco para matarlo:** 1-2

## Cómo luchar contra el *ghast*

El *ghast* puede disparar desde una gran distancia (hasta 100 bloques), pero no te lanza sus bolas de fuego a menos que estés en su línea de visión. Estas bolas no son muy rápidas, por lo que, si quieres, tienes tiempo para esconderte.

De lo contrario, dispara con el arco, ya que es la manera más fácil de matar a un *ghast*; no suelen acercarse mucho. Para protegerte, puedes construir un muro de roca u obsidiana como parapeto. Cuando el *ghast* te dispare, las bolas de fuego incendiarán la infiedra que tengas cerca, y esto es casi igual de peligroso. Si puedes crear una zona de roca desde la cual atacar, te será muy útil. Si el *ghast* está muy lejos, asegúrate de apuntar con exceso de altura.

También puedes hacer rebotar la bola de fuego para que alcance al *ghast*. Ésta viaja con bastante lentitud, por lo que tienes tiempo suficiente para impactarla con el arco o la espada. Puedes incluso usar los puños sin recibir daño o dispararle una flecha. Si apuntas bien con el contragolpe, puedes devolverle la bola de fuego al *ghast*; lo matarás y recibirás el logro Devolver al remitente.

El *ghast* abre los ojos y la boca justo antes de disparar.

Es difícil obtener el objeto que suelta el *ghast*, la lágrima de *ghast*, que se utiliza para crear la utilísima poción de regeneración. Normalmente, el *ghast* estará flotando sobre lava cuando le dé tu flecha y sus objetos caerán en ella y se quemarán. Una solución es atrapar al *ghast* con la caña de pescar, atraerlo hacia ti y atacarlo con la espada una vez que está en tierra firme. Usa una espada encantada con Saqueo para sacarle más partido al botín.

# CAPÍTULO 18

# GUARDIÁN

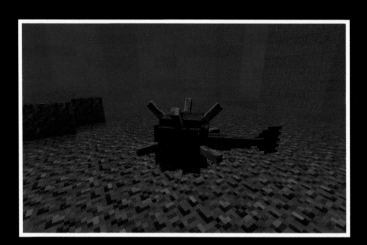

**E**l guardián es una criatura nueva que se introdujo con la actualización de Minecraft 1.8 *Bountiful*. Éste y el guardián anciano son las únicas criaturas marinas hostiles. Los guardianes aparecen cerca de una nueva estructura llamada «monumento oceánico». Es un lugar similar a un templo del desierto o de la jungla pero no contiene cofres. Hay una sala del tesoro en el centro del monumento en la que se ocultan ocho bloques de oro tras bloques de prismarina oscura.

## FICHA: GUARDIÁN

**Tipo de criatura:** hostil, autóctona

**Salud:**  30 ♡♡♡♡♡♡♡♡♡♡♡♡♡♡♡

**Daño:**

Fácil: 4

Normal: 6

Difícil: 9

**Experiencia:** 10 puntos

**Objetos que suelta:** 1-2 pescado crudo, hasta 2 fragmentos de prismarina, hasta 1 cristal de prismarina

**Localización:** en el mar, en monumentos oceánicos

**Golpes con espada para matarlo:**

Madera: 6

Piedra: 5

Hierro: 5

Oro: 6

Diamante: 4

**Golpes con arco para matarlo: 4**

## Cómo luchar contra el guardián

Como lucharás bajo el agua, deberás preparar armadura y pociones que te ayuden a respirar, ver y moverte con rapidez en este entorno acuático.

El guardián nada de forma espontánea y muy veloz alrededor y dentro de su monumento oceánico, atacando a jugadores y calamares.

ataca mediante disparos de láser. Sin embargo, antes debe cargarlo; mientras lo hace, el láser es morado y no hace daño. Luego, cuando lo ha cargado del todo, el rayo se vuelve amarillo; entonces lanza la descarga y se detiene. Pasan unos segundos hasta que el guardián puede recargar. El alcance de impacto del láser es de unos 15 bloques, siempre que no haya bloques sólidos entre la criatura y tú. Además, si atacas al guardián cuando ha sacado sus púas, te hará 2 puntos de daño.

Los guardianes te disparan rayos para infligirte daño.

llevar armadura y armadura encantada puede ayudarte a protegerte del láser del guardián. Puede parecer buena idea mantenerte a distancia y usar el arco, pero las flechas no viajan bien bajo el agua y el guardián es muy rápido; puede salir de la trayectoria de disparo de un salto y dispararte. La mejor táctica es ser agresivo y rápido. Arrincona al guardián para que no pueda huir y atácalo rápidamente con la mejor espada que tengas.

# CAPÍTULO 19

## CONEJO ASESINO

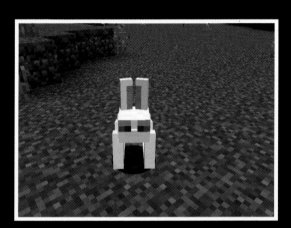

El conejo asesino es un tipo de conejo, una nueva criatura introducida con la actualización de Minecraft 1.8 *Bountiful*. Los conejos normales son criaturas pasivas, claro está; se les da bien saltar y comer zanahorias. El conejo asesino aparece en ocasiones muy raras y aleatorias. Es blanco y del mismo tamaño que los demás, pero tiene los ojos rojos y horizontales y porta el nombre de «conejo asesino». Hallarás conejos blancos normales con ojos rojos verticales que no son hostiles. El conejo asesino es hostil hacia los jugadores y los lobos, pero atacará antes a los primeros que a los segundos. Si te ve en un radio de 15 bloques, saltará directo hacia ti.

### FICHA: CONEJO ASESINO

**Tipo de criatura:** hostil

**Salud:**      10 ♥♥♥♥♥

**Daño:**

Fácil: 5 ♥♥♥

Normal: 8 ♥♥♥♥

Difícil: 12 ♥♥♥♥♥♥

**Experiencia:** 1-3 puntos

**Objetos que suelta:** 0-1 conejo crudo, 0-1 piel de conejo, pata de conejo (con menos frecuencia)

**Localización:** los conejos asesinos tienen una probabilidad entre mil de aparecer en lugar de un conejo normal. Al igual que éstos, aparecen en sabanas, llanuras, pantanos, montañas extremas, bosques de abedules y otros biomas boscosos

**Golpes con espada para matarlo:**

Madera: 2

Piedra: 2

Hierro: 2

Oro: 2

Diamante: 2

**Golpes con arco para matarlo:** 1-2

## Cómo luchar contra el conejo asesino

Si el conejo asesino te toma por sorpresa, lo cierto es que puede hacerte retroceder bastante y asestarte un duro golpe. Sin embargo, es fácil matarlo con un par de golpes con cualquier espada.

# CAPÍTULO 20

## *SLIME* MAGMÁTICO

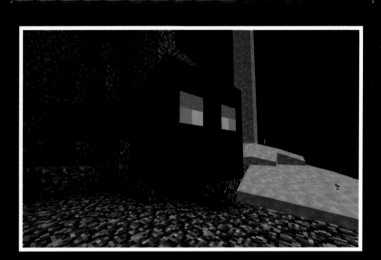

Los *slimes* magmáticos son criaturas cúbicas de 2 x 2 cuadrados que saltan. Tienen la piel roja y negra y ojos amarillos y rojos. Su cuerpo, de tipo acordeón, se expande cuando saltan hacia arriba y se contrae cuando cae al suelo.

### FICHA: *SLIME* MAGMÁTICO

**Tipo de criatura:** hostil, Inframundo

**Salud:**\*

Grande: 16 puntos ❤❤❤❤❤❤❤❤

Mediano: 4 ❤❤

Pequeño: 1

*Los *slimes* magmáticos también tienen puntos de armadura ocultos que los protegen de hasta casi 50 % del daño que les hagas. Por ello, en la práctica, su salud es más alta que la cantidad de corazones que tienen y harán falta más golpes para matarlos.

**Daño:**

Grande: 6 ♥♥♥

Mediano: 4 ♥♥

Pequeño: 3 ♥♥

**Objetos que suelta:** hasta 1 crema de magma (solo lo sueltan los *slimes* magmáticos medianos y grandes)

**Localización:** en el Inframundo

**Golpes con la espada para matarlo (grande):**

Madera: 4

Piedra: 3

Hierro: 3

Oro: 4

Diamante: 2

**Golpes con arco para matarlo:** 2

## Cómo luchar contra el *slime* magmático

Lo que más complica luchar contra criaturas en el Inframundo es tu ubicación. Hay acantilados de infiedra con caídas peligrosas y mortales y está lleno de charcos y mares de lava, además de pilares que la dejan caer. Asegurarte de que estás en un lugar relativamente seguro, en el que no puedas retroceder hasta caer en la lava, supone medio combate. Puedes aumentar tus posibilidades con encantamientos de Protección contra el fuego en la armadura y Caída de pluma en las botas.

*Slimes* magmáticos dando saltos.

Los *slimes* magmáticos son similares a sus primos del Mundo Principal, los *slimes*. Si matas a uno grande, genera cuatro de tamaño mediano, y cuando matas a uno mediano, genera cuatro pequeños. Si usas una espada de diamante contra un *slime* grande, no tardarás en matarlo. Sin embargo, si no cuentas con una de diamante, una espada de hierro con el encantamiento Empuje es una alternativa muy buena. El *slime* no deja de saltar hacia ti y te infligirá daño si te cae encima. Empuje ayuda a repeler al *slime* para que esto no ocurra. Si salta por encima de ti, tienes una oportunidad de golpearlo con la espada mientras estés debajo de él. Los *slimes* magmáticos son lo bastante lentos como para que puedas vencerlos con el arco. Los más pequeños se mueven despacio y tienen poca salud; no es difícil exterminarlos con rapidez.

# CAPÍTULO 21

## LEPISMA

La lepisma vive en fortalezas y en bloques de piedra de los biomas de montaña extrema. Con un tamaño menor que el de un bloque, es una de las criaturas más pequeñas de Minecraft. Sin embargo, una lepisma puede saltar a una altura de un bloque y empujar a un jugador. Suele serpentear velozmente hacia éste e infligir 1 punto de daño cuando lo toca o lo empuja. No es muy grave en comparación con otras criaturas, pero si atacas a una lepisma directamente, con un arma, las otras lepismas que haya cerca (en unos 10 bloques de distancia) pueden despertarse y unirse a la primera para contraatacarte. Una lepisma también puede desaparecer en el interior de un bloque de piedra y convertirlo en un huevo de monstruo.

Las lepismas se ahogan en parcelas de arena de almas que por su extensión no les permiten escapar (unos 5 x 5 bloques o más). Si están sobre un único bloque de arena de almas, normalmente escapan de él antes de morir.

### FICHA: LEPISMA

**Tipo de criatura:** hostil, autóctona

**Salud:** 8 ♥♥♥♥

**Daño:** 1 ♥

**Experiencia:** 5 puntos

**Objetos que suelta:** ninguno

**Localización:** aparece en generadores de lepismas y en huevos de monstruo (o «piedra de lepisma») en biomas de montaña extrema. Con un generador, las lepismas pueden aparecer en bloques de piedra de cualquier nivel de luz. Sin él deben estar a un nivel de luz de 11 o menos. No pueden aparecer a menos de cinco bloques de un jugador

**Golpes con espada para matarla:**

Madera: 2

Piedra: 2

Hierro: 2

Oro: 2

Diamante: 1

**Golpes con arco para matarla: 1**

## Cómo luchar contra la lepisma

En general, la escasa salud y fuerza de ataque de la lepisma la convierten en una criatura fácil de matar. Si matas a una de un

golpe —cosa sencilla con una espada de diamante—, no desper-
tará a las demás lepismas que se oculten en bloques cercanos.
También puedes encantar un pico de diamante o de hierro con
Afilado para que inflija 8 puntos de daño o más y usarlo para excavar en montañas extremas. De este modo, cuando aparezca alguna, puedes darle un golpe con el pico y seguir cavando.

Es fácil matar una lepisma, pero un enjambre puede vencerte.

Si no tienes una espada de diamante o un pico encantado, hay
otra forma indirecta de matarla sin que despierte a otras. Sube a
una columna baja de grava (dos de altura) y échale lava o gravilla.
Para asfixiar a la lepisma con grava, tienes que colocar la grava
contra un muro o un bloque de la columna para que pueda des-
lizarse justo encima de ella. ¡La lepisma emitirá un bonito y largo
aullido de muerte cuando lo hagas! Sin embargo, ya que tienes
que colocar la grava con cuidado para asfixiarla, la mejor solución es un cubo de lava. Un mechero también es muy eficaz para

prenderle fuego a una lepisma individual: morirá sin despertar a las demás.

Aunque una lepisma sola no es una amenaza, un enjambre puede matarte rápidamente. Si despiertas a un enjambre, debes subir a una columna para que no pueda alcanzarte. Cuando caves en montañas extremas, asegúrate de tener a la mano una pequeña reserva de grava y un cubo de lava.

Hagas lo que hagas, no ataques a las lepismas con pociones arrojadizas, en especial las de veneno. La poción de veneno lanza varios «ataques»; cada uno de ellos alerta a más lepismas y podrías acabar frente a un enjambre enorme. La poción de daño tiene un efecto instantáneo, por lo que puedes matar a una de un lanzamiento, pero si hay varias presentes, puede que algunas no mueran y podrán alterar a otras.

## Excavar huevos de monstruo

Los huevos de monstruo pueden ser idénticos a cualquier bloque de piedra: roca, piedra y ladrillos de piedra (incluyendo agrietados, musgosos y cincelados). En un bioma de montañas extremas aparecerán como piedras, pero los huevos de monstruo tardan bastante más en excavarse que un bloque de piedra normal. Cuando hayas cavado lo suficiente, al excavar un bloque de piedra sabrás si es un huevo de monstruo (y, si usas las manos, se excavan más deprisa que la piedra). Cuando hayas despertado a una lepisma en su huevo, aparecerá una nubecita blanca similar a la que se forma al matar una criatura.

# CAPÍTULO 22

## ESQUELETO

**E**l esqueleto es uno de los cuatro grandes: las cuatro criaturas habituales del Mundo Principal de Minecraft (junto con el zombi, la araña y el *creeper*) que verás a diario. Cuando haya uno cerca, oirás el tintineo de sus huesos.

Aunque los esqueletos aparecen con un arco, algunos pueden recoger armas. Si recogen un arma más potente, la usarán en lugar de éste. Algunos esqueletos aparecen con armadura o arcos encantados, por lo que es más difícil matarlos.

Si están en un radio de 16 bloques, te perseguirán, y cuando estén en un radio de 8, empezarán a lanzarte flechas. Si te alejas a una distancia de 16 bloques, perderán todo interés en ti.

Con la actualización 1.8 *Bountiful* de Minecraft, los esqueletos temen a los lobos (¡cosa que tiene sentido!). Ahora, todos los lobos persiguen y atacan a los esqueletos sin provocación previa, y éstos huyen al ver un lobo. Además, ahora huyen de los *creepers* que se preparan para explotar.

## FICHA: ESQUELETO

**Tipo de criatura:** hostil, oscuridad

**Salud:** 20

**Daño (con arco):**

> Fácil: 1
>
> Normal: 2
>
> Difícil: 4

**Daño (con espada):**

> Fácil: 2
>
> Normal: 2
>
> Difícil: 3

**Experiencia:** 5 puntos

**Objetos que suelta:** hasta 2 flechas y, con poca frecuencia, arcos y armadura (que puede ser encantada, pero suele estar muy dañada), 1 cráneo de esqueleto (si lo mató un *creeper* cargado)

**Localización:** en el Mundo Principal, en niveles de luz de 7 e inferior y en generadores de esqueletos en mazmorras. También aparecen con menos frecuencia cerca de fortalezas del Inframundo

**Golpes con espada para matarlo:**

Madera: 4

Piedra: 4

Hierro: 3

Oro: 4

Diamante: 3

**Golpes con arco para matarlo:** 2

## Cómo luchar contra el esqueleto

Cuando te ataca, el esqueleto te lanza flechas a un ritmo mayor a medida que se va acercando. Debido al empuje del impacto de la flecha, te puede resultar difícil acercarte lo suficiente como para usar la espada, y te pueden alcanzar varias veces en el intento. Para evitar que te alcance, avanza en zigzag. Usa las teclas de movimiento lateral (A y D) para moverte a izquierda y derecha. Lo que debes evitar al luchar contra un esqueleto es empujarlo mediante un ataque en carrera con la espada, porque lo que harás es darle más tiempo para cargar y disparar el arco.

Si estás cavando en una cueva y llamas la atención de un esqueleto, llévalo a un lugar en el que haya bloques tras los cuales puedas ocultarte. Cuando llegue a la esquina del bloque, ataca el canto antes de que salga del todo. Al igual que contra otras criaturas, usa la técnica del bloqueo para limitar el daño que pueda hacerte.

Los esqueletos y otras criaturas son susceptibles de aparecer con armadura, armas y encantamientos en el nivel de dificultad Difícil o cuando hay luna llena.

Los esqueletos se queman al sol —a menos que lleven casco o una calabaza (o estén en el agua)—, por lo que una técnica pasiva es intentar atraerlos al exterior durante el día. Una vez que han recibido daño, acaba con ellos con la espada o el arco para recoger el botín.

Los esqueletos no son sólidos, lo cual origina una situación muy curiosa. Si tienes uno cerca y está de espaldas contra una pared, ponte justo en el bloque en el que se encuentra. Ahora estás dentro del esqueleto y puedes golpearlo con la espada. Mientras tanto, lo único que él puede hacer es disparar infructuosamente al suelo con el arco. ¡Chócalas!

# CAPÍTULO 23

## SLIME

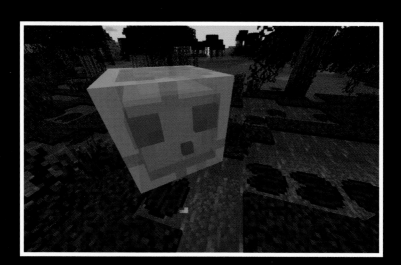

El *slime* es una gran criatura cúbica (2 x 2 x 2 bloques). Es verde, ligeramente transparente y emite un sonido acuoso cuando salta hacia ti. Al matar al *slime* grande, se divide en cuatro medianos. Estos se dividen a su vez en hasta cuatro pequeños al matarlos.

Los *slimes* tienen dos aspectos positivos: no son muy veloces ni muy fuertes y no resulta muy difícil matarlos, y sueltan bolas de *slime*, que se usan para crear crema de magma, riendas para atar animales a postes, pistones adhesivos y bloques de *slime* para rebotar.

Los *slimes* son bastante infrecuentes. En pantanos solo aparecen de noche con una luz de 7 o menos. La luna también afecta a su generación: aparecen a un ritmo mayor cuando hay luna llena y no aparecen nunca con luna nueva. También pueden aparecer con cualquier intensidad de luz en niveles menos profundos del mundo (del 0 al

39), pero solo bajo ciertas condiciones y en 1 de cada 10 *chunks*. Los *chunks* («trozos», en inglés) son segmentos del mundo de Minecraft de 16 bloques cuadrados por la altura total del mundo, 256 bloques. Se utilizan a nivel de código para gestionar la aparición, desaparición y representación de criaturas, entre otras cosas.

## FICHA: *SLIME*

**Tipo de criatura:** hostil, autóctona

**Salud:**

    Grande: 16

    Mediano: 4

    Pequeño: 1

**Daño:**

    Grande: 4

    Mediano: 2

    Pequeño: 0

**Experiencia:**

    Grande: 4 puntos

    Mediano: 2 puntos

    Pequeño: 1 punto

**Objetos que suelta:** hasta 2 bolas de *slime* de los *slimes* pequeños

**Localización:** pantanos con nivel de luz bajo y en niveles inferiores al 40

**Golpes con espada para matarlo (grande):**

 Madera: 4

Piedra: 3

Hierro: 3

Oro: 4

Diamante: 2

**Golpes con arco para matarlo:** 2

## Cómo luchar contra un *slime*

No es muy difícil matar *slimes*. Usa la espada con clics rápidos. Aunque parezca que los *slimes* medianos pueden superarte, es muy fácil matarlos. Puedes darle un puñetazo a un *slime* pequeño y morirá; obtendrás una bola de *slime* por el esfuerzo. En general, no son más que una molestia, sobre todo si estás cavando y te topas con un *chunk* generador de *slimes*. Cuando ocurra, bloquea las galerías de tu mina y deja brechas del tamaño de un bloque para que solo los *slimes* pequeños puedan pasar.

Matar a un *slime* grande o mediano hará que aparezcan hasta cuatro *slimes* menores más.

## CAPITULO 24

# ARAÑAS Y JINETES ARÁCNIDOS

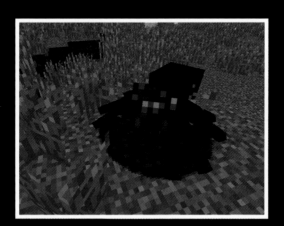

**E**s fácil saber cuándo hay una araña cerca por su silbido característico (si lo oyes pero no ves ninguna, seguro que está encima de ti, en un árbol o en el tejado). Las arañas son neutrales en niveles altos de luz diurna. En la oscuridad, a niveles de luz de 7 o menos, son hostiles. Una vez que se vuelven hostiles no vuelven a su estado neutral.

Son muy ágiles; se mueven con gran velocidad y saltan brechas de tres o cuatro bloques de largo. También pueden trepar en vertical por los bloques como si éstos tuvieran una escalerilla. Las arañas miden dos bloques de ancho, por lo que no caben por espacios de 1 x 1. Sin embargo, sí caben por espacios de uno de alto por dos de ancho.

Antes de la actualización 1.8 *Bountiful*, las arañas podían verte y seguirte con paredes de por medio. Con la 1.8 ya no les es posible.

Si juegas en nivel Difícil, las arañas pueden aparecer en ocasiones con efectos de estado. Éstos son habilidades especiales que se suelen obtener mediante pociones. En nivel Difícil, pueden aparecer con efectos de Invisibilidad, Regeneración, Fuerza o Velocidad que son esencialmente permanentes.

## FICHA: ARAÑA

**Tipo:** neutral (hostil en niveles de luz inferiores)

**Salud:** 16

**Daño:**

Fácil: 2

Normal: 2

Difícil: 3

**Experiencia:** 5 puntos

**Objetos que suelta:** hasta 2 hilos, hasta 1 ojo de araña

**Localización:** en el Mundo Principal, en niveles de luz de 7 o menos; en mazmorras, en generadores de arañas

**Golpes con espada para matarla:**

Madera: 4

Piedra: 3

Hierro: 3

Oro: 4

Diamante: 2

**Golpes con arco para matarla:** 2

## Cómo luchar contra una araña

Puesto que son rápidas, la mejor forma de matarlas es con el arco, si tienes oportunidad. Si vas a usar la espada, intenta asegurarte primero de que estás a mayor altura que la araña. Si es ella la que está por encima de ti, puede saltarte encima y causarte daño adicional. Si no puedes elevarte, ve a una zona más llana para que al menos no sea ella la que tenga esa ventaja.

También puedes usar un mechero para prenderle fuego a una araña. ¡Procura estar a una distancia de un par de bloques para no incendiarte tú también! Para ser más efectivo contra arañas, encanta la espada con Perdición de los artrópodos, que infligirá más daño a las arañas. Si te va bien con los niveles de experiencia y puedes encantar más espadas, encanta una para usarla mientras cavas.

También puedes usar el ancho de la araña en tu favor para colarte por un hueco de un bloque de ancho y atacarla desde el otro lado. En general, la araña tiene menos salud que las otras cuatro criaturas habituales (zombi, esqueleto y *creeper*, todas con 20 puntos de salud), por lo que es más fácil derrotarla.

## Cuidado con el jinete arácnido

En raras ocasiones (una de cada cien, aproximadamente), una araña aparecerá con un esqueleto montado encima. Este monstruo híbrido se llama «jinete arácnido» y es una combinación letal. Inflige todo el daño de una araña y un esqueleto unidos, y tiene la habilidad de trepar de la araña junto con la certera puntería

esqueleto. Sin embargo, debes matar a cada uno por sepa-
o, y cada uno soltará sus propios objetos: flechas y huesos o
s y ojos de araña.

más adecuado al ver un jinete arácnido es correr y esconder-
para salvar la vida, pero si tienes armas y armadura encanta-
o confías en tu habilidad para el combate, puedes mostrarte
s audaz. Usa el arco y mata primero al esqueleto y después
araña.

# CAPÍTULO 25

## BRUJA

Las brujas se parecen mucho a los aldeanos, excepto por sus sombreros picudos negros, sus túnicas moradas y su piel grisácea. Tienen la nariz tan grande como un aldeano, pero la de las brujas puede balancearse y tiene una verruga. Pese a su belleza y encanto, la bruja es una de las criaturas más peligrosas que puedes hallar en el Mundo Principal en un día normal. Si no tienes mucha salud, lo mejor es evitarlas ya que es difícil matarlas y pueden infligir mucho daño. Se administran pociones muy útiles y te pueden lanzar otras muy dañinas.

Cuando se las introdujo en el juego, solo aparecían en cabañas de bruja. Se trata de pequeñas casas de madera que se alzan sobre el agua en los pantanos. Las brujas siguen apareciendo en una cabaña, pero también pueden aparecer en cualquier punto del Mundo Principal con niveles de luz de 7 o menos, por lo que puedes toparte con una en tus expediciones subterráneas. Además, si un rayo alcanza a un aldeano, éste se convierte en bruja.

### FICHA: BRUJA

**Tipo de criatura:** hostil, autóctona

**Salud:** 26 ♥♥♥♥♥♥♥♥♥♥♥♥♥

**Daño:** las brujas atacan con pociones, y dos de ellas infligen daño (la poción de veneno y la de daño). Una poción de veneno puede causar 38 o más puntos de daño pero siempre te dejará con un punto de salud, por lo que no te matará. La poción de daño puede costarte hasta 12 puntos de salud

**Experiencia:** 5 puntos

**Objetos que suelta:** hasta 6 palos, hasta 6 de pólvora, hasta 6 de azúcar, hasta 6 ojos de araña, hasta 6 de polvo de piedra luminosa, hasta 6 de *redstone*, hasta 6 frascos de cristal y, con menos frecuencia, 1 poción (de curación, resistencia al fuego, velocidad o respiración acuática)

**Localización:** en el Mundo Principal, en niveles de luz de 7 o menos; en cabañas de bruja en el bioma de pantano. Con la actualización 1.8 *Bountiful*, los aldeanos a los que alcance un rayo se convertirán en brujas

**Golpes con espada para matarla:**

 Madera: 6

 Piedra: 5

Hierro: 4

Oro: 6

Diamante: 4

**Golpes con arco para matarla:** 3

## Cómo luchar contra una bruja

Existe cierta lógica en las pociones que te lanzan las brujas y cuándo las lanzan. Cuando estás en un radio de ocho bloques de ellas, te lanzan una poción de lentitud para retrasarte, a menos que ya estés bajo el efecto de estado de Lentitud. Si no te retiras y tienes una salud de 8 o menos, te lanzan una poción de veneno; no te matará, pero puede dejarte con 1 punto de salud (medio corazón). Después, si te acercas a un radio de tres bloques, a veces lanzan una poción de debilidad, siempre que no tengas ya un efecto de Debilidad. Por último, una vez que te hayan infligido Lentitud y Debilidad, empezarán a lanzarte pociones de daño. Éstas sí pueden matarte, y lo harán.

Mientras tanto, desde que te ven, las brujas beben pociones para curarse. Beben una poción de curación si han recibido daño y una de resistencia al fuego si están ardiendo. Si están bajo el agua, pueden beber una poción de respiración acuática. Además, si están a una distancia de 12 bloques de ti, pueden beber una poción de velocidad para poder alcanzarte rápidamente antes de atacar.

Esta bruja acaba de beber una poción de curación y de lanzar una de lentitud.

La mejor forma de luchar contra una bruja es usar el arco desde lejos. El arco tiene un alcance mayor que el que tiene una bruja al lanzar pociones, por lo que puedes terminar el combate sin recibir daño alguno. Si no puedes atacar a distancia, lo mejor es acercarte a ella de inmediato. Si puedes, sorpréndela ocultándote tanto tiempo como puedas. Inflígele todos los golpes que puedas con la espada antes de que empiece a beber pociones de curación (sabrás cuándo se la bebe por las burbujas que emite). Puedes matar a una bruja rápidamente con una esgrima veloz antes de que llegue siquiera a lanzar la poción de daño.

Cuando la mates, soltará materiales de creación de pociones. En ocasiones, soltará un palo (¿tal vez de la escoba que nunca vemos?) y, con menos frecuencia, una poción que iba a beberse.

# CAPÍTULO 26

## EL *WITHER*

**E**l *wither* es una criatura jefe extremadamente poderosa. Es la única criatura hostil que crea el jugador en el juego. Para crear un *wither*, debes haber estado en el Inframundo para reunir arena de almas y tres cabezas de esqueleto *wither*. Dispón los bloques de arena en forma de T y las cabezas sobre los tres bloques superiores. Cuando coloques la última cabeza, los bloques se convertirán en un *wither*. Debes colocar una cabeza en último lugar o el jefe no aparecerá.

La generación del *wither* es espectacular: el cielo se oscurece y el monstruo emite un destello azul. Luego crece y crece y su salud aumenta (al igual que con la otra criatura jefe, el dragón del Fin, su barra de salud aparecerá en pantalla). Durante estos momentos, es inmune a los ataques. Por fin, cuando alcanza su salud máxima, brilla y crea una explosión gigante a su alrededor y cambia a su forma final y más grande: una forma hostil, negra y voladora que lanza proyectiles, similar a un esqueleto con tres cabezas. El *wither* ataca de forma inmediata y constante a cualquier ente vivo que vea (a ti, a una vaca..., a todo), volando de presa en presa. Los proyectiles que lanza son cabezas de *wither*, que son de dos tipos: las negras, más rápidas, y las azules, más lentas y menos frecuentes. Ambas tienen la misma potencia explosiva que las bolas de fuego del *ghast*. Las negras no hacen estallar bloques duros como la roca pero las azules lo rompen todo, excepto la piedra base y el marco del portal del Fin. El *wither* causa una gran destrucción, tanto a tu alrededor como a ti mismo.

## FICHA: *EL WITHER*

**Tipo de criatura:** jefe

**Salud:** 300 ♥♥♥♥♥♥♥♥♥♥ x 15

**Puntos de armadura:** 4 🛡🛡

**Daño:**

Fácil: ♥♥❤

Normal: 8 ♥♥♥♥

Difícil: 12 ♥♥♥♥♥♥

(en los niveles Normal y Difícil, el ataque del *wither* también inflige el efecto *wither*, similar al veneno)

**Experiencia:** 50 puntos

**Objetos que suelta:** 1 estrella del Inframundo

**Localización:** generado por el jugador

**Golpes con espada para matarlo:**

🗡 Madera: 60

🗡 Piedra: 50

Hierro: 43

Oro: 60

Diamante: 38

**Golpes con arco para matarlo:** 34

## Cómo luchar contra el *wither*

Hay unos cuantos motivos para no crear y luchar contra el *wither*.

1º: el *wither* tiene 100 puntos más de salud que el dragón del Fin. 2º: lanza tres cabezas de *wither* a la vez, y algunas destruyen cualquier bloque excepto la piedra base. 3º: además del daño por explosión, las cabezas te infligen el efecto *wither*, que te reduce la salud y dificulta ver la que te queda porque colorea la barra de negro. 4º: al infligirte ese efecto, el *wither* se cura 5 puntos de salud. 5º: es inmune al fuego y a la lava. 6º: si le reduces la salud a la mitad, de repente obtiene protección de armadura *wither*, que lo hace inmune a las flechas (llegado a este punto no puede volar, lo cual está bien). 7º: la única poción que puedes usar contra él es la de curación, ya que es un muerto viviente.

Hay dos motivos para luchar contra el *wither*. 1º: para poder presumir y 2º, por su rarísimo botín, una única estrella del Fin. Matarlo es la única forma de conseguirla, y la estrella del Inframundo es el ingrediente clave para crear faros. Los faros se hacen con cristal, una estrella del Inframundo y obsidiana. Además de emitir un potente rayo de luz, si colocas uno en una pirámide de hierro, diamante, esmeralda u oro, obtendrás y darás a cualquiera que esté cerca del faro poderes especiales de efectos de estado.

Para enfrentarte al *wither*, debes tener armadura y armas encantadas. No sobrevivirás sin ellas, pero es fácil que mueras aunque las tengas. Te será mucho más fácil si antes vas al Fin y derrotas al dragón del Fin. Luego, puedes volver al Fin para disponer tu batalla contra el *wither*. En el Fin, el *wither* también ataca a los *endermen*, que se unirán al combate. Te ayudarán a reducir la salud del *wither* a la mitad, que es cuando, al menos, no puede volar.

De todas formas, debes llevar la lucha lejos de tu base para protegerla de la enorme destrucción explosiva que se producirá. Recluta toda la ayuda que puedas, desde otros jugadores en servidores PvP hasta gólems de hierro. Usa obsidiana para crear una zona segura y proteger las armaduras, armas y pociones adicionales que te harán falta. Si es posible, crea un espacio especial de obsidiana en el que enmarcar tu batalla para no tener que perseguir todo el rato al *wither* mientras vuela.

El *wither* lanzándote una cabeza explosiva.

Tu arco debería estar encantado con el mayor nivel de Poder y Retroceso que te puedas permitir y con Infinidad, y tu espada debería estar encantada con el mayor nivel de Golpeo así como de Empuje (Botín no generará más estrellas del Inframundo). Además, crea varias pociones de curación, tanto para ti como para dañar al *wither*, varias manzanas doradas y algunas pociones de fuerza, regeneración y velocidad. Para la armadura, intenta conseguir el mayor nivel de Protección contra explosiones. Antes del combate, cómete una manzana encantada y bébete tus pociones de fuerza, velocidad y regeneración. Usa el arco en la primera mitad de la batalla y, cuando el *wither* ya no vuele, usa la espada. ¡Suerte!

# ESQUELETO *WITHER*

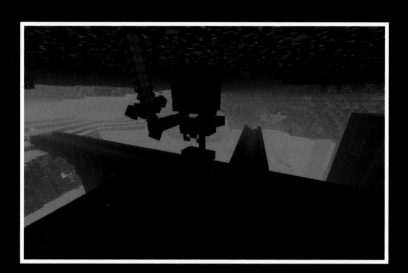

**L**os esqueletos *wither* se parecen a los del Mundo Principal pero miden 2,5 bloques de alto en lugar de 2. Sus huesos son de un color negro grisáceo. Solo aparecen en el Inframundo, en el interior o cerca de las fortalezas, y su boca es menos ancha que la de un esqueleto normal. Mientras que los esqueletos llevan un arco, el esqueleto *wither* lleva una espada de piedra. Al igual que los normales, huyen de los lobos y pueden recoger armas y armaduras pero, a diferencia de los del Mundo Principal, la luz del día no los quema: emiten un breve destello de fuego pero no mueren ni reciben daño. La lava y el fuego no les hacen daño, puesto que son nativos del bioma infernal del Inframundo. Cuando atacan con la espada, te infligen el efecto *wither*, similar al del veneno. Este efecto dura 10 segundos y te hace 1 punto de daño cada dos segundos. Cuando te afecta, tu barra de salud se pone negra. Puedes curarte con leche, pociones y cosas similares. Los esqueletos *wither* te empujan; ten especial cuidado cerca de acantilados o salientes. Ten cuidado también si recogen un arco, pues lo utilizarán para lanzarte flechas en llamas.

## FICHA: ESQUELETO *WITHER*

**Tipo de criatura:** hostil, Inframundo, autóctona

**Salud:**     20 ♥♥♥♥♥♥♥♥♥♥

**Daño:**

       Fácil: 4 ♥♥

       Normal: 7 ♥♥♥♥❤

       Difícil: 10 ♥♥♥♥♥

**Experiencia:** 5 puntos

**Objetos que suelta:** hasta 1 carbón, hasta 2 huesos y, en raras ocasiones, 1 espada de piedra o 1 cabeza de esqueleto *wither* que se usa para crear al jefe *wither*. Hay más probabilidades de que suelte 1 cabeza si lo mata un *creeper* cargado

**Localización:** cerca o dentro de fortalezas del Inframundo, en niveles de luz de 7 o menos

**Golpes con espada para matarlo:**

⚔️ Madera: 4

⚔️ Piedra: 4

⚔️ Hierro: 3

⚔️ Oro: 4

⚔️ Diamante: 3

# Cómo luchar contra un esqueleto *wither*

Los esqueletos *wither* son rápidos. Caminan a la misma velocidad que un jugador y pueden correr. Como pueden causarte bastante daño, lo mejor es estar listo y planear zonas seguras o rutas de huida, sobre todo si estás visitando el Inframundo sin armaduras ni armas con encantamientos potentes. Por ejemplo, como los esqueletos *wither* no pueden pasar por huecos de dos bloques de altura, puedes poner bloques en los techos de los pasillos de la fortaleza para impedir que te sigan. Ten a la mano pociones de curación y regeneración.

Primero, desde lejos (unos 12 bloques), usa un arco encantado con Poder y Retroceso. El segundo lo empujará, lo cual te dará más tiempo. Ya cerca del esqueleto, usa la espada, aunque es muy probable que a esa distancia te inflija el efecto *wither*. Debes procurar que el cuerpo a cuerpo sea corto, así que usa la espada de diamante con Afilado o Golpeo. El segundo hace aún más daño contra muertos vivientes que Afilado; te conviene tener una espada aparte solo para esa clase de enemigos (aunque a menudo encontrarás *blazes* cerca de los esqueletos *wither* y el encantamiento Golpeo no les afecta).

Dicho esto, el encantamiento más poderoso para hacer daño a tu enemigo es Golpeo V o Afilado V. Una espada de diamante con cualquiera de éstos matará a un esqueleto *wither* de un golpe. Con Golpeo IV o Afilado IV solo te harán falta dos golpes. Ya que las cabezas de esqueletos *wither* son muy raras y esenciales para crear el *wither*, intenta usar una espada encantada con Botín para aumentar tus posibilidades de conseguir una.

Si no puedes matar al esqueleto *wither* de un golpe, retírate o haz un hueco de dos bloques por el que no pueda pasar. Atráelo, atácalo con la espada y retírate a la zona segura, fuera de su alcance. Cúrate si es necesario y repite la operación.

Un esqueleto *wither* junto a su primo, un esqueleto normal.

# CAPÍTULO 28

## LOBO

El lobo existe en tres estados: salvaje, domado y hostil. El lobo salvaje es grisáceo y su cola pende hacia abajo, el hostil tiene los ojos rojos y emite gruñidos o rugidos y el lobo domado posee un pelaje claro y tiene la cola hacia arriba y un collar. Los salvajes son neutrales y no te atacan. Viven en pequeñas manadas y atacan a ovejas y conejos. Todos los lobos, incluidos los domados, atacan también a los esqueletos sin provocación previa. Sin embargo, si atacas a un lobo salvaje, todos los lobos salvajes cercanos se volverán hostiles y te atacarán. Seguirán en ese estado y te atacarán hasta que mueras. El lobo domado nunca se vuelve hostil con los jugadores.

## FICHA: LOBO

**Tipo de criatura:** neutral

**Salud:**

Salvaje: 8

Domado: 20

**Daño (salvaje):**

Fácil: 3

Normal: 4

Difícil: 6

**Daño (domado):** 4

**Experiencia:** 1-3 puntos

**Objetos que suelta:** ninguno

**Localización:** en biomas de bosque y taiga

**Golpes con espada para matarlo (salvaje):**

Madera: 2

Piedra: 2

Hierro: 2

Oro: 2

Diamante: 1

**Golpes con arco para matarlo (salvaje):** 1

La cola de un lobo hostil está tiesa y tiene los ojos rojos, la de un lobo salvaje tranquilo pende hacia abajo y la de un lobo domado sano apunta hacia arriba.

## Cómo luchar contra un lobo

Lo más inteligente es no atacarlos nunca porque se vuelven hostiles y atacan en grupo. Si, por descuido, has hecho daño a un lobo y te persigue una manada, lo mejor es que huyas. Si puedes, haz un túnel y ¡asegúrate de tapar la entrada! Necesitarás antorchas para iluminarte, claro está. Las criaturas hostiles pueden desaparecer del juego si no están a 32 bloques de un jugador durante más de medio minuto, y desaparecen seguro si esa distancia es de más de 128 bloques: haz un túnel de al menos 128 bloques antes de salir.

# CAPÍTULO 29

## ZOMBI

**E**s difícil pasar una noche sin ver un zombi o una mañana sin ver alguno envuelto en llamas. En el segundo caso, date prisa en darle el golpe de gracia para poder obtener experiencia.

Los zombis son las criaturas hostiles más habituales de Minecraft. Por si no te has dado cuenta, se parecen un poco a Steve, con su camiseta turquesa y sus pantalones azules (¡seguro que tiene una buena historia detrás!).

Algunos zombis aparecen como aldeanos zombis, que tienen la misma cara que los aldeanos pero de color verde. Si un zombi ataca a un aldeano, convertirá a éste en un aldeano zombi. Hay otro tipo de zombi, el zombi bebé, acerca del cual puedes leer en su propio capítulo.

# FICHA: ZOMBI

**Tipo de criatura:** hostil, oscuridad

**Salud:** 20 ♥♥♥♥♥♥♥♥♥♥

**Daño:**

Fácil: 2 ♥

Normal: 4 ♥♥

Difícil: 5 ♥♥♥

**Experiencia:** 5 puntos

**Objetos que suelta:** hasta 2 de carne podrida y, con menos frecuencia, 1 zanahoria, 1 lingote de hierro, 1 patata, armadura y armas (si las llevan), 1 cabeza de zombi (si los mata un *creeper* cargado)

**Localización:** en el Mundo Principal, en niveles de luz de 7 o menos

**Golpes con espada para matarlo:**

Madera: 4

Piedra: 4

Hierro: 3

Oro: 4

Diamante: 3

**Golpes con arco para matarlo:** 3

## Cómo luchar contra un zombi

Si no quieres luchar contra un zombi, basta con que lo saques a la luz del sol (¡siempre que sea de día y no estés en una cueva!). Sin embargo, de todas las criaturas habituales, los zombis son probablemente los más fáciles de matar. Te comunican claramente cuándo andan cerca con potentes gruñidos y se mueven muy despacio. ¡Si a ti y al zombi los separa el agua, le llevará años alcanzarte! Y, como ya sabes, se queman y mueren a la luz del sol (a menos que estén en el agua), por lo que solo molestan de noche.

Un aldeano zombi
quemándose al sol.

Los zombis pueden aparecer con armadura, una pala de hierro o una espada de hierro. También pueden recoger y ponerse armaduras, incluidas las cabezas de criaturas que caen cuando un *creeper*

cargado mata a otro zombi, esqueleto o *creeper* (¡esto sig
podrías encontrarte con un zombi con la cabeza de un *cre*
cualquier caso, los zombis con armadura son más difíciles
y con casco no se queman al sol. Además, si juegas en ni
herir a un zombi hace que los demás acudan a atacarte.

¡Un zombi con una
pala encantada!

Usa el arco para matar de lejos a un zombi y no sufrirás
que solo pueden atacarte a corta distancia. Cara a cara,
poder vencer a un zombi fácilmente con la espada; tamb
de ayudar que la encantes con Empuje.

## CAPITULO 30

## HOMBRECERDO ZOMBI

El hombrecerdo zombi es una criatura muy habitual en el Inframundo, pero es neutral. Si lo ignoras, te ignorará, y suele ser lo más recomendable. En ocasiones verás hombrecerdos zombis en el Mundo Principal, ya que pueden aparecer cerca de portales del Inframundo. En el rarísimo caso en que un rayo alcance a un cerdo del Mundo Principal, lo convertirá en un hombrecer-

**Daño:**

Fácil: 5

Normal: 9

Difícil: 13

**Experiencia:** 5 puntos

**Objetos que suelta:** hasta 2 de carne podrida, hasta 1 pepita de oro y, con menos frecuencia, espadas de oro y lingotes de oro

**Localización:** en el Inframundo, en cualquier nivel de luz; en el Mundo Principal, cerca de portales del Inframundo o cuando un rayo alcanza a un cerdo

**Golpes con espada para matarlo:***

Madera: 4

Piedra: 4

Hierro: 3

Oro: 4

Diamante: 3

**Golpes con arco para matarlo:*** 3

*El hombrecerdo zombi tiene 2 puntos de armadura, por lo que te harán falta dos golpes más para matarlo.

## Cómo luchar contra un hombrecerdo zombi

Como con todas las criaturas neutrales, es mejor evitar el combate contra los hombrecerdos zombis. Provocarás a cualquiera que tengas en un radio de 32 bloques si ya has atacado a uno de su especie, y si te acercas a 16 bloques, te perseguirán y te atacarán. La única forma de escapar es correr (si tienes una ruta de huida clara), usar una poción de velocidad o alejarte montado a caballo. Si no tienes más remedio, intenta usar el arco desde lejos para que no te ataquen en grupo. Si has alcanzado a uno sin querer y hay otros cerca, haz un túnel de cierta profundidad en la infiedra. Cierra el hueco detrás de ti, pero deja uno de un bloque de alto al nivel de los pies de los hombrecerdos. Esto te permitirá atacar sus pies y matarlos. Cuando ya no te persigan o te hayas cansado de matarlos, cava 128 bloques en línea recta para que desaparezcan. Cuando regreses, aparecerán nuevos hombrecerdos que no saben nada de la pelea y te dejarán en paz.

Si atacas a un hombrecerdo zombi, los otros que haya cerca acudirán